成長的光譜

U0152368

李麗梅 著

成長的光譜

認識與支持SEN孩子

香港中文大學出版社

《成長的光譜：認識與支持SEN孩子》

李麗梅 著

© 香港中文大學 2024

本書版權為香港中文大學所有。除獲香港中文大學
書面允許外，不得在任何地區，以任何方式，任何
文字翻印、仿製或轉載本書文字或圖表。

國際統一書號 (ISBN)：978-988-237-336-5

出版：香港中文大學出版社
　　　香港 新界 沙田 · 香港中文大學
　　　傳真：+852 2603 7355
　　　電郵：cup@cuhk.edu.hk
　　　網址：cup.cuhk.edu.hk

*Growing Up on the Spectrum: Understanding and Supporting Children with
Special Educational Needs (SEN)* (in Chinese)

By Frances L. M. Lee

© The Chinese University of Hong Kong 2024
All Rights Reserved.

ISBN: 978-988-237-336-5

Published by　The Chinese University of Hong Kong Press
　　　　　　　The Chinese University of Hong Kong
　　　　　　　Sha Tin, N.T., Hong Kong
　　　　　　　Fax: +852 2603 7355
　　　　　　　Email: cup@cuhk.edu.hk
　　　　　　　Website: cup.cuhk.edu.hk

Printed in Hong Kong

目錄

　　所有兒童都應該接受最優質的教育。然而，在現今世代，面對著多樣的教育環境，兒童及家長有著前所未有的期望和挑戰。縱管實踐不易，如何有效地為兒童提供優質教育，值得每位教育工作者深思。雖然每個孩子成長都有相類似的需要，但有些學生在身體、心理、行為或社會情緒方面的發展異於同儕，因此在成長上有獨特的需求。了解孩子的特殊教育需要（Special Educational Needs，以下統一簡稱為「SEN」）對於家長和教師至關重要，以能為這些孩子提供最佳學習機會。可惜的是，對這些問題的充分理解可能不足以幫助他們在社會立足，我們需要基於實證的理論和實踐來指導學習，以可靠、無誤的方式解決具體問題。這本書由李麗梅博士撰寫，不僅為讀者提供了理解一系列SEN的必要信息，而且還舉例說明了解決這些問題所需採取的方法和實例。本書透過真實案例提供了

解決問題關鍵的成功方法，也提供了操作背後的過程和理論的基本原理，以及解決各種問題的可用資源清單。這些實用的技巧對父母來説絕對有用，對教育工作者和任何參與兒童和青少年工作的人來説也很有參考價值。我強烈推薦本書，儘管SEN學生因個人的局限而在教育制度遇到挑戰，我相信這本書能令大眾更關心他們的需要，在有限資源下以最佳方法協助學生，發揮他們的潛能。

楊書誠教授

澳洲天主教大學教授

每當課程開始前，我常問學員一個問題：什麼是「特殊教育」? 讓學員知道所謂「特殊」，只是一個相對的名稱。簡單的例子是，有深近視的人士在數百年前可能是「特殊」，現今只要配戴合適的眼鏡，深近視就不是一種障礙，而有深近視的人並不「特殊」。由此引伸，現在每一位在社交、行為或學科學習上有困難的學生，如有適當的「工具」作支援，亦可以有效的學習。對這些學生來說，適當的「工具」包括課程、教學、評估及學習環境調適。作適當調適並不容易，首先要清楚知道每一類 SEN 學生的特徵及需要，從而設計合適的學習計劃。李博士在 2008 年出版的《不一樣的孩子：認識及培育學習差異兒童》一書中，已針對各類學習需要，介紹其特徵及相應的教導方法。16 年後，社會及學校對教導 SEN 學生的策略發生頗大變化，如對自閉症的定義改變、資訊科技引入、教學法更新、學校人手及經費增加等，對教師及家長都有一定影響。本書適當整合並運用了現存知識及資源，能成為教師及家長的「工具」，為他們提供專業資料，讓每一位學童都得到最理想的教導。李博士深信所有孩子都是可教的，而這一個原則，一直沿用至本作之中，沒有改變。

何福全博士
香港教育大學特殊教育與輔導學系前課程統籌

每個孩子都是獨一無二的，擁有著獨特的天賦和需求。兒童心理學和學習理論發展至今，教育學者們日益深刻地認識到了差異化教學和評估的重要性。這一認識不僅是為了普通學生，更是為了包括有 SEN 的孩子們。優質的、適切的教育對每個人都至關重要，這也是融合教育的核心理念之一。

隨著對 SEN 的關注不斷增加，理解和應對這些需求已成為一項重要的任務，直接影響著每個孩子能否得到公平、適切的教育。越來越多的國家和地區通過立法和政策支援融合教育，以確保所有學生都能夠在教育系統中獲益成長。學校和教育機構也越來越多地採用融合教育的方法，通過創新教學方法和支援系統，培養更加包容和多元化的教育環境。

本書的作者李麗梅博士是優質融合教育的堅定宣導者和實踐者。她憑藉多年的實踐經驗，深信融合教育是提供優質教育的有效途徑。自首次出版以來，李博士的前作《不一樣的孩子》一直備受矚目。書中詳盡闡述了差異學習和融合教育的核心理念和原則，並深入探討了不同類型的教育需求，真正連接理論與實踐。通過每一章節的內容，讀者能夠深入了解不同類型的學習需要的特點、診斷標準，以及相應的教育策略和支持方法。李博士分享了她長期從事融合教育的經驗，包括如何設計和實施個別化教育計畫、協調多方資源支持，以及如何促進學校和社區的合作，共同創造良好的成長環境。通過案例分析，她展示了不同學生在融合教育環境中的成長和發展情況，以及教育工作者如何針對不同學生的需求進行個性化支持和指導。

　　儘管融合教育取得了一定的進展，但仍然面臨著挑戰，如資源不平衡、社會偏見等。要更好地設計和實踐針對不同SEN孩子的教學和支援策略，以真正發揮他們的優勢，需要各方持份者共同肩負起責任、擁有共同的信念和目標、掌握專業的知識和技能。實現優質融合教育需要全社會的共同努力。教育工作者、家長、社會工作者、心理諮詢師以及其他相關從業者，都在培育SEN學生上扮演不可或缺的角色。因此，本書不僅面向教育工作者和專業人士，還特別針對家長以及相關人士提供了實用的建議和指導，受眾廣泛。

　　我相信不同的讀者和受眾群體能夠通過本書深入了解SEN和融合領域的知識和實踐，為孩子們創造更加友善的學習環境，讓每一個孩子都能夠實現自己的潛能，追逐自己的夢想。

葛贇教授

澳門聖若瑟大學教育學院院長

孩子「不一樣」不是一個異象，而是一種常態。試問哪有孩子會跟別人一模一樣呢？李麗梅博士在本書指出，在過去16年來，公眾對SEN有更深入和廣泛的認識。政府對推行融合教育提供了更多資源，包括到校服務、教師培訓。惟大眾對SEN學童仍然持著同情的態度，認為他們不幸地整體能力均處於低水平，不能在主流班學習，需要以特別形式學習。

全方位學習課程模式（Universal Design for Learning）正正展現了差異是常態現象。學生有著不同能力、不同興趣、不同學習方式，但都能在同一學習活動、同一課程，與同班同學一起進行有效並有意義的學習。要推行全方位課程最困難之處並不在於設計課程及教學技巧，而是在各方人士對學習差異的態度、對SEN學生的真正認識，以及如何真正了解不同程度及種類的學習差異，為SEN學生在主流班中以最自然的方式提供合乎其份並到位的支援，把班中所有差異視為常態現象，互相理解、互相扶持、互相欣賞和互相學習。期望讀者閱讀完此書，將不同學習需要都能以常態看待，讓所有SEN學生都能得到公平、平等及尊重的對待，共享優質的教育。

嚴沛瑜博士

英國心理學會副院士
特許心理學家
匠仁慈善機構創辦人

自序

時光回到許多年前，第一天踏進中五班教室，見到一大群外貌、年齡和自己相差不是太遠的年輕人，不情不願地站起來，然後以慵懶、含糊不清的語調呢喃：「Good⋯Morning⋯Mi⋯sssss」時，我心裏就告訴自己：「教書？算了罷，最多一年就離開！」然而，我卻留了下來，還進出多間中學，甚至是大學、教育局，在漫長又匆匆的歲月裏，經歷了學生的成長故事，見證着他們走過低谷，找到生命立足之處，這幾十年當教師的日子，總結起來還是很開心、很有意義的。我常常在想，如果當年剛畢業時，沒有進到一間比較「弱勢」的學校教書，沒有親身感受到「每個孩子都能教好」的樂趣，我還會相信好老師就是要有能力教好每個學生、優質教育就是要發展所有學生潛能嗎？

在 1970 年代後期,一邊廂,香港政府將免費強制教育擴展至中三,政策惠及許多學生,也令社會達到全民教育,但總有些年輕人因各種原因不喜歡上學,惟基於政策,他們在 16 歲前都要呆在課室裏。另一邊廂,教育當局按學生考試成績的「差異」,人為地將學生分成五等(五個組別),按中央派位機制被分派到各學校就讀,卻沒有在教育資源上有相關調整。在那些接收較多第四、五組別學生的課室裏,坐着各式各樣、在考試制度下被列為「能力稍遜」的孩子,當中也有不少,以現今名詞來說,是有「特殊學習需要」的學生。但那時的老師,包括我,可能聽過一些形容詞如「多動」、「智障」、「自閉」,但眼見很多學生在課室跑來跑去,又或他們無心向學、測驗考試交白卷、上學盼放學的場面,我們只是選擇視而不見,祈求他們安安份份地由早上坐至下課,無風無浪早日離校。

但我是幸運的。和這群孩子相處後,他們的聰明、可愛、真性情,逐漸啟發了我,讓我對教育產生了不一樣的想法,也受到身邊很多有熱誠、有理念的教育同工感染,嘗試以最基本但亦最有效的方法來教導這些孩子。這些方法並不特殊,需要的只是對孩子成長的信念,以接納、聆聽和關愛來陪伴他們。我們一起摸索、實踐,過程中遇到極多挫敗,但偶爾的成功案例,鼓舞着我向前行。他們的故事,後來都寫進《天下無不可教的孩子》這本書裏。

多年後,因緣際會,我從前線教師轉職教師培訓工作,教的科目大多與 SEN 有關。我的教學能力並不突出,但非常賣力,期望傳遞的不只是知識和理論,而是一份信念,也是特殊

教育的核心：看見、教好、照顧好每一個學生。我重複又重複地強調，特殊教育教學法最重要的是：先了解學生的需要，然後設計適合他們的教學活動。這看似是教學的基本操作，但在現代教育制度下，在既定課程進度、評核標準的框框內，教師只能按照書本教學，令這基本的要求幾乎變成不可能的任務。然而，融合教育的實施，似乎讓老師就在如鐵板一塊的制度中打磨出一條細小的空隙，自主地發揮教學的創意。

做了近二十年的教師培訓工作，幸運的是我在教室裏遇到很多很多非常用心的老師，他們會熱淚盈眶地分享與特殊孩子的故事，更會積極討論如何將理論在教學中實踐。老師提出的問題看似很「瑣碎」：如何令一名有自閉和社交焦慮的幼兒順利完成畢業禮表演（而不是禁止他參與）？如何教導專注力弱的孩子在指定時間吃完茶點（而不是由大人餵他吃）？老師們嘗試後成功的喜悅，激勵我更努力探討這些策略的可行性。也有些時候，學校邀請我到校支援，課室內老師的教學、學生的回應，驗證了許多教育理論的可行和不可行之處。我常常跟老師們說，理論上可以有很多方法和策略幫助學生，但特殊教育最具挑戰的地方就是，每一個策略、每一個方法都是為個別的學生特別設計的，即使同是專注力不足／過度活躍症學生，他們呈現出來的行為各異，老師須經常檢視、考慮哪一個方法最適合這名學生，重視每個人的獨特處，是特殊教育的根本價值，也最能體現老師專業最可貴之處。

在香港工作大半生，前兩年又再因緣際會，有機會離開香港，到了澳門從事教師培訓工作。雖然至今只有一年多的日

子,但也深感教育制度和社會文化對於特殊教育推行的影響。兩地雖然鄰近,都説相同的語言,但制度的不同,令推行特殊教育的措施有很大的差異。我常常提醒自己,需要調節經驗和想法,配合澳門的學校情況來教學。然而無論哪一制度,好老師仍然是好老師,我在澳門遇到、聽到的一些動人故事,有些也放在這本書裏。

教學之外,我還有三年在教育局資優教育組工作的經驗,資優生和 SEN 學生,好像是能力線上的兩極,但其實教學理念並無兩樣:教導他們,需先認清並了解學生的需要,引導他們發展潛能。資優生較幸運,只要環境許可,他們的能力較易釋放,回報也較大。SEN 學生需要面對較多學習和制度的關卡,若能越過,人生可以很美好。具體策略會有不同,相同的是老師的角色就是要協助他們發揮自身能力。

還有一些個人經驗影響着我對特殊教育的看法。就在當教師的歲月裏,我自己也做了兩個孩子的母親,和他們一起成長,完整了我的人生。我讀書的路還算順利,在那年頭,能考入大學,總算是考試制度下的「勝利組」。但由小學到中學,兩個孩子在學習上遇到較多困難,而我和其他家長一樣,感到焦慮、徬徨和埋怨,也深切體會到父母的困難、無奈和傷痛,感受到在社會文化的期望下,要學習如何不被他人價值觀牽引,學習自處。和孩子共同走過的路,也是自己的成長印記,讓我能從另一角度了解孩子:成長並非一朝一夕的事,要看得遠些,不因一時挫敗而放棄,不因他人的評價而動搖初心,孩子可以有他們自己的生活。早年教導孩子的一些體會,我記錄

在《非常孩子遇上伯樂媽媽：走進廚房的教育法》這本小書中。那個「非常孩子」現在還是很喜歡煮食，但沒有選擇從事飲食業，大學畢業後找到他人生中另一喜愛的工作。

女兒在10歲左右時，有次一本正經地告訴我：「媽媽，你很好彩（幸運），因為你有我這個女兒！」我還未來得及答話，她續說：「我在讀書上有少少問題要你處理，你就可以做到媽媽的工作了。好像我有些同學，讀書很好，自動自覺，又是領袖生，又會自己去考好學校，他們的媽媽都沒事可做呢！」

孩子戲語，原先不太認真對待，但再細想，不無道理。孩子的問題能夠激發起我們做教師、做父母的能力，不一樣孩子就是讓我們反省教育制度的種種缺失，嘗試了解每個孩子的行為、情緒和想法。在不同孩子的身上，即使他們有同一個學習需要，都會發現不一樣的特徵、程度和需要。比起斷然以「正常」與否來定義每個孩子的發展，不如把成長看作一個複雜多彩的「光譜」，而只要我們用心觀察，便能看到各種各樣、專屬於每個孩子的光芒。

鳴謝

這本小書在 2023 年底開始撰寫，原先的計劃是增訂前作《不一樣的孩子：認識及培育學習差異兒童》，但由於這些年特殊教育的發展和豐富材料，這本小書在維持「初心」的原則下，演變成這本全新的書籍。這方面，實在非常感恩香港中文大學出版社團隊的支持、策劃和幫助。在此，特別多謝 Melinda（葉敏磊女士），去年 11 月中收到你的邀請電郵，我開心得難以形容；還有 Alice（陳沅宜小姐），每次收到你溫婉和鼓勵的電郵、詳細的校訂稿，心中暖暖之餘，仍是感謝。

書中提到的個案和實例，都是我過去多年在不同工作機構遇見的學生、同事、老師、朋友、家長。你們有些和我相處數載，有些則是短暫相識，可能你們已忘記我這個人。但你們的故事、你們的經歷，是這本小書的精神和主軸，因人數較多，未能一一點錄，請接受我一併的道謝。

特別想向澳門聖若瑟大學教育學院的同事們説句話,感謝你們在這段日子的包容,尤其是葛贊院長在工作安排上的體諒,讓我能較全心投入寫這本書。

幾位為這本書寫推薦序的都是我的好朋友:楊書誠教授和何福全博士和我相識多年,不論在學術和教學知識上對我有很大啟發;嚴沛瑜博士和葛贊院長比我年輕得多,但創意的想法令我不斷反思所學。謝謝你們抽空寫推薦序。

最後也是最最重要的當然是我的家人。孩子們,你倆已長大,但永遠是我心中至愛的寶貝,你們讓我感受為人母親的美好;和我一起組織這小家庭,在育兒路上努力不懈的Kenny,你一直對我無限的支持和愛護,我是珍惜的!謝謝你!

前言

　　2008出版的《不一樣的孩子：認識及培育學習差異兒童》，初心是一本為家長、教師及關心SEN孩子的大眾而寫的入門式資料匯編，將當時散見於各網站、培訓課程、小冊子的信息，按筆者多年教學和前線經驗整理，就孩子的需要、教導方法和資源，提供一些意見，這本小書後來加印了第二版。

　　16年過去，在各方人士努力下，這群不一樣孩子的需要得到社會大眾較多關注，特殊教育和融合教育也成為世界各國政府教育政策的重點之一，對於特殊需要類別的定義、診斷標準、支援和教育措施也有重大修訂和改進。當中兩本最具影響力的診斷標準手冊：《精神疾病診斷與統計手冊》(*Diagnostic and Statistical Manual of Mental Disorders*, DSM) 先後在2013、2022年改版為第五版(DSM-5)及第五版修訂版(DSM-5-TR)；以及《國際疾病與相關健康問題統計分類》(*International*

Statistical Classification of Diseases and Related Health Problems, ICD）在2022年公布經修訂後的第11版（ICD-11），對各類發展障礙和精神健康疾病有更詳盡的分類和詮釋。這些修訂反映社會對各種障礙的患者有更多、更深入的認識，也認同社會須加大力度投放教育資源，照顧孩子的差異和需要，最終目的是建設一個更人性化和公平的社會。與國際趨勢同步，兩岸四地的教育當局，過去多年在法規、資源以及教師培訓投入不少資源，和16年前《不一樣的孩子》這本小書出版時相比，SEN學生受到的關注和支援也大幅增加。然而，在越趨複雜的社會，他們所面對的挑戰也更大，需要社會持續支持，才能跨過障礙，健康成長。

延續《不一樣孩子》的理念，本書繼續整理過去多年，學者專家們對各類障礙的定義、準則、症狀、困難及支持和教導策略，將大量網絡和書本信息，依筆者多年前線經驗，選取較為適合的資料，整合綜述SEN孩子的狀況，以及如何支持和教導他們，為關心這群孩子的家長、教育工作者、社會大眾提供實用資料。本書有以下修訂：

1. 更新有關專注力不足／過度活躍症（第1章）的資料和討論。專注力不足／過度活躍症兒童的情況一向較受大眾關注，相關研究甚多。近年的討論焦點由以往關注孩子的過動／多動情況，轉移到專注力缺損及其帶來的困難。本書也循此方向，較深入探討專注力缺損對兒童成長及發展的影響，也提出一些支持策略給讀者參考。

2. 增加〈自閉症譜系障礙〉（第2章）和〈情緒行為障礙〉（第7章）兩章。自閉症在DSM-5改名為「自閉症障礙譜系」，強調其主要症狀為社交溝通和行為及相關問題。本書除了按DSM-5定義去討論自閉症障礙譜系患者的社交行為需要外，也提出一個較少人注意的問題——自閉症障礙譜系患者的學習困難，希望大眾能從多方面認識這個症狀。

   近年，社會很關注兒童和青少年的心理疾病和精神困擾。情緒行為問題成因非常複雜，本書除介紹一些精神病學的相關症狀外，亦嘗試從家庭因素及社會文化等方面了解孩子的需要。

3. 特殊學習障礙（第3章）的學生佔SEN學生較大比率。過去多年，教育界已研發了許多學習支援策略，協助孩子們應對學習、特別是讀寫的困難。香港情況較為複雜，中英雙語的教育環境使得孩子面臨的挑戰加倍。本書提出的方法經過實證，讀者可以參考使用。

4. 患有各種障礙的孩子所面對的困難，並不單只是出於功能上的缺損，使他們較難適應社會生活，還因為社會對這些孩子的支援觀念仍然停留在同情弱勢社群的階段，未有在制度、教育等方面提升至「有教無類」的公平教育層面，令孩子未能發揮其內在能力。本書在各章節提到的教育和支援策略，一方面為讀者多提供一些實際可行的方法，另一方面是帶出本書的中心思想：「所有孩子都是可教的！」

5. 近年，由於教育機會擴大，很多大學都有 SEN 學生入讀，各院校亦有措施支援這群學生。本書的教導策略雖以幼稚園、小學及中學學生為主，惟亦引用少量大專學生的案例，目的是揭示不一樣孩子在不同成長階段的需要。

本書共有 11 章。第 1 至 9 章，每章討論一種 SEN 的類型，每章的編排由 (1) 個案實例開始，展示孩子的情況，繼以討論 (2) 發生率、(3) 症狀和診斷、(4) 成因、(5) 困難和需要、(6) 支持和教導等內容，為讀者提供有用訊息。個案例子全都是筆者過去 20 年，在教育現場遇見、接觸、教導過的兒童或青少年，除了背景資料稍作修改外，他們的情況和困難都是很真實地存在的。另外，每章最後的「相關資源」部分羅列了香港政府和社福機構提供的評估和治療服務，其中「學習資源和教材」一節介紹了一些有用的教材套和資料冊，都是經專家實踐，非常適合教師和家長使用的。

本書討論各種障礙的支持和教導策略，均引用自學術文獻，有研究數據支持，部分策略則是筆者曾經在課室協助過孩子的經驗，例如第 3 章〈特殊學習障礙〉內有關中文讀障的教學方法，是筆者多年前的一項小型研究中，曾經試驗並有些許成效的策略。此外，筆者在過去多年一直留在教育前線，甚多機會參與老師的實地教學工作，故書中很多策略，除筆者個人經驗外，很多都是老師們曾經嘗試應用的。雖然未必有即時果效，但對 SEN 孩子的支持卻很重要。很多支持和教導策略有共通性，可用於不同特殊需要。例如行為改善技術，既適合自

閉症，也可用來幫助為專注力不足／過度活躍症兒童建立好行
為；情緒管理策略可用來協助有專注力不足／過度活躍症或情
緒行為障礙兒童紓緩情緒。有些方法如「小步子、循序漸進」
是很老生常談，幾乎可應用在所有障礙類型學生，但重點是如
何按其需要分拆小步，並按小步引導孩子前進。較「新式」的
方法如「執行功能」，本書在〈專注力不足／過度活躍症〉（第1
章）裏用來改善專注力，其實也可應用作支援有自閉症或特殊
學習障礙的孩子。因此，有些策略會出現在不同章節，有些則
只在某一章節討論，介紹這些策略時，筆者會儘量按不同類別
孩子的情況舉例說明，讀者可舉一反三，稍加變通，都可用來
協助其他孩子學習。事實上，我們沒有最佳策略，只有最適合
孩子的方法，成年人在運用這些技巧時，須以孩子的現況為出
發點，選擇最適合他們的策略和支援方式。

　　在診斷標準上，本書引用DSM-5-TR及ICD-11的定義外，
也參考了其他具權威的機構如美國疾病控制中心、英國國民保
健署、香港衛生署、教育局的定義和準則來編寫。為方便閱
讀，本書的內文沒有一一列出每項障礙的定義、診斷、症狀和
策略的資料來源，讀者可在每章末的「相關資源」部分，翻查到
各個特殊需要類別的相關文獻。

　　了解各種SEN以後，第10章簡介中國內地、香港、澳
門、台灣兩岸四地的特殊教育發展、法規和現行措施，由於四
地的社會文化、教育制度上差異，特殊教育制度也各自不同，
但都有參考價值。他山之石，可以攻錯，了解其他地方，更能
反思自身可以改進之處。

第 11 章〈給家長及教育人士的話〉，則是過去多年筆者在講座、分享會、教室經常遇到的提問的回應，提及的故事都是家長和教師的努力成果，也是筆者從事特殊教育工作多年的精神支柱。

附錄〈協助學習差異兒童資料一覽表（港澳地區）〉，共四部份，A部是政府機構，B部非政府社福機構，C部非政府機構和私人執業的專業人員名單，D部家長及協會組織，亦加入澳門提供特殊教育服務的相關機構名單和資料。

最後也是最重要的，本書雖從障礙的角度描述SEN孩子所面對的困難和需要，也探討相關的治療和支持策略，但並非想把他們跟其他孩子分開來，筆者深信融合教育就是優質教育這一觀點，融合教育不是扶弱憐貧，而是體現教育的公平和多樣性，代表整個社會對學習差異的全面接納，並在資源的分配上為每一個孩子的不同需要提供支持。我們相信，只要有適當的社會配置和支持，每個孩子都可以發揮自我潛能，找到幸福人生！

專注力不足／過度活躍症

子浩，4歲，幼稚園K1班男生。每當子浩看見新奇事物，總會伸手觸摸，左弄右翻幾遍才肯罷手。他坐不定，上課時在椅子或地墊上停留五分鐘已是極限，最愛走到課室前排，看看老師的教具，翻翻故事書，順手在白板畫上兩筆。有時坐得不耐煩，就躺在地上滾動一下，活絡活絡手腳，他的示範動作很吸引，立即有四、五個小孩子跟隨，課室瞬間滿地都是打轉的小陀螺。但偶然，老師提問，他卻能立即大聲說出正確答案，當然老師還在提醒：「先舉手，再發言」。

心悅，女，12歲，六年級生。打從小一開始，她就聽不明白老師的要求。她能聽到課室外的聲音：隔壁課室老師在教數學、操場上同學在追逐嬉笑、甚至樓梯間的工友姨姨叔叔在嚼舌根、說是非的聲音。但對於上課時老師講的話，她通常只能注意到第一、二句，到了第三句，就只見到老師的嘴巴在動，像金魚般，咕咕的在噴水，思緒呢？已飄到遠方。

心悅經常丟三忘四，沒辦法填寫功課冊，上課用的文具又總留在家中。千辛萬苦完成的功課，也忘記從書包拿出來交給老師。儘管她很喜歡視藝課，卻也經常因沒有按老師要求帶工具回校，只能呆坐一旁看同學動手做。

淑樺正在一所大專院校讀高級文憑一年級。她的公開試成績還可以，試讀過幾個大專課程，但都中途退學。其實每次開學時，她都興致勃勃，但很快就感乏味，不想繼續下去而退出。她的最大困難是交作業，雖然在開課時老師已告知呈交功課的日期，她也知道要做好時間管理和進度計劃，但每天回家，總有很多社交貼文要點讚，又會被手機不斷彈出通知的影片吸引，不看看就心癢難熬，只好安慰自己說還有明天，直到呈交功課的死線前一晚才衝刺。小組作業還好，在同學督促下總能東拼西湊地完成，但個人功課就很糟糕，唯有勉強湊點文字交給老師，成績自然欠佳。這情況不斷重覆，今年也沒破例，接到上學期的成績單：兩個科目要重修。淑樺並不意外，只是非常沮喪，中學時期曾經歷的抑鬱情緒又再浮現出來。上課沒精打采，甚至因小事和課堂導師爭吵。

子浩、心悦、淑樺都可能是專注力不足／過度活躍症（Attention-Deficit/Hyperactive Disorder，又稱專注力缺乏／缺損、多動／過動，下簡稱 AD/HD）患者。長久以來，大眾對於這個症狀的認知是患者多動，以及因多動而引致的行為和紀律問題。近年大量研究及實證指出，多動情況一般到12歲前會減輕，但專注力缺乏及衝動問題卻會持續到成年。有些人會在成長過程中習得一些應對策略令問題減輕，但也有不少患者在成長後因學業、工作挑戰無法應付，求診時才知道自己患有 AD/HD。

　　AD/HD 是兒童期最常見的神經發展障礙之一。患者會難以專注和控制衝動，或出現過動的情況。AD/HD 一般在兒童時期就可以被診斷出來，且會持續到成年期。部分專注力不足但沒有過動行為的兒童，可能到少年甚至成年階段才接受診治。

發生率

據美國的大型統計顯示，有5–7.2%的青少年和2.5–6.7%的成年人患有AD/HD。九成AD/HD兒童的症狀會維持至成年期，而成年的AD/HD患者中，七成半沒有在兒童期被診斷出來。男女比例方面，AD/HD的兒童患者比例是4：1，成年患者則為1：1，換言之，女性比男性較遲確診，這可能與女性患者較少出現過動行為有關。而在香港，兒童和青少年AD/HD的發生率估計為6.4%。

症狀和診斷

AD/HD症狀可分為兩大類型：(1)專注力不足和(2)多動和衝動，患者可能同時出現兩類或其中一類。

1. 專注力不足

此類症狀會早於幼年時期便出現，但部分人會在成年後因對生活造成困難才被確診，症狀有：

a. 做功課、工作或活動時，經常未能注意或忽視細節，常有粗心大意的錯誤

b. 在進行任務、遊戲、活動時經常難以保持專注

c. 與人交談時，似乎沒有在聆聽對方説話

d. 經常不遵守指示，未能完成作業／工作的要求或責任

e. 經常難以計劃、組織和有序安排工作任務和其他活動

f. 時間管理不善，未能按時完成任務

g. 難以持續進行沒有高刺激、獎勵或需要投入腦力的任務和工作

h. 經常丟失工作或活動所需的物品，如學習材料、文具等

i. 容易被無關的干擾和想法分散注意力

j. 健忘，經常忘記處理生活瑣事，如赴約

k. 經常表現出在做白日夢或心不在焉

2. 多動和衝動

此類症狀會在兒童期出現，患者的多動和衝動情況在需要自我控制和規範的環境（如課室、工作場所）最為明顯，症狀有：

a. 經常坐立不安、動手動腳或在座位上蠕動

b. 經常在需要安坐的情況下仍離開座位，如離開教室或其他工作場所

c. 經常在不適當的情況下跑來跑去或攀爬，坐着不動時會感到不適

d. 經常無法安靜地玩耍或進行休閒活動

e. 經常像驅動了「馬達」，無法較長時間保持安靜

f. 經常說話過多，或衝口而出

g. 經常難以等待或輪候，如排隊

h. 經常打斷或干擾他人的說話和活動

i. 會對即時刺激作出反應和行動，不會深思熟慮或考慮風險和後果

若上述多項症狀持續（至少六個月）並在兩個或多個環境中出現，例如在家庭、學校或工作場所發生，且明顯地影響社交、學業或工作表現，而這些症狀不能用另一種精神障礙，如情緒障礙、焦慮症來解釋，便可能患有AD/HD。在兒童早期到中期，即12歲前，通常會出現明顯的注意力不集中和／或多動、衝動症狀，但有些人可能會在較年長時，注意力不集中和衝動的程度超出了年齡和智力預期水平時，才開始接受臨床診斷。

成因

過去多年，科學和教育界對此症的原因和風險因素進行了大量研究，以期找到更好的方法來管理和減少AD/HD的出現。至今，此症的原因和危險因素尚未清楚，但有相關數據支持遺傳與症狀有顯著關連。AD/HD具有高度遺傳性（遺傳與症

狀的相關系數達60–70%，有頗高的關聯性），同一家族內多人均出現AD/HD症狀的情形並不少見。

近年腦神經科學認為AD/HD與大腦內部化學物質分泌不平衡有關。這些腦神經物質對自我控制、意志力、學習和情緒有影響。當這些腦神經系統受損或無法良好運作，就無法自我控制和發揮意志力，導致行為問題的出現。

AD/HD並非因教養不良所致，但社會環境會影響其嚴重程度。若有正向的家庭、學校教育和支援，能夠儘早識別和介入治療，會大大減輕AD/HD患者所面對的困難。反之，惡劣的成長環境便會加劇AD/HD的問題，對患者造成嚴重的負面影響。

困難和需要

1. 難以持續專注

AD/HD患者無法專注做一件事，或進行一段較長時間的活動，尤其是他們覺得無聊、反覆、冗長的工作。由於喜歡尋找刺激和容易被新穎、較有趣的事物吸引，因此經常改變主意。他們無法等待，要求即時、馬上的滿足。

2. 難以控制衝動

由於缺乏控制衝動的能力，無法在行動前先思考。說話衝口而出，或搶着說話，影響社交和人際相處。他們喜歡走捷徑，做事要一步到位，缺乏堅持的能力。衝動亦造成他們喜歡冒險的性格。

3. 動作太多

AD/HD患者的活動量很高而頻密，會出現對事物反應過激，容易亢奮的情況。例如：他們會在公眾場所旁若無人地大呼大叫，做一些奇怪的行為，或不理會他人感受而進行自己想做的活動。

4. 難以遵守指示

AD/HD孩子的抑制能力較弱，加上內在言語（即在心裏和自己對話）控制能力較差，因此在被要求完成某些工作時便可能出現困難，會在執行過程中容易被其他事情吸引，也因無法完成指示而被人看作不遵行指令，工作延遲、延誤很常出現。

5. 表現不穩定

個人內在自我控制功能的運作不穩定，造成AD/HD孩子的情況時好時壞。他們比較受當下的條件影響，當環境、情況

配合時，可以做得較好，但表現不易持續。例如，有些AD/HD孩子在接受訓練初期，能按指導工作或進行活動，或戒除某些不好行為，但過不了幾天便放棄或故態復萌，給人缺乏意志力、飄忽不定、不可信賴的印象。

AD/HD對患者帶來生活、學習、社交、工作上的困難。與非AD/HD的同儕比較，AD/HD患者會較大機會輟學，較少完成專上教育，他們亦可能較少朋友，工作表現比應有的能力低，且較多出現反社會行為。一般而言，他們會有：

1.　課室行為問題

年幼的AD/HD患者會有課室紀律及行為問題，例如經常離開座位、坐不定、騷擾其他同學；在課室內大叫，或衝口而出，破壞課室秩序，影響老師上課。有些甚至會出現暴力行為如打人、推撞他人，導致其他家長投訴。

2.　情緒問題

AD/HD患者情緒波動很大，一時非常亢奮，一時又沒精打采。難以控制自己的脾氣，部分患者會有精神困擾或情緒問題。

3. 社交問題

行為衝動、經常與人爭執、好勝。AD/HD 的孩子一般較少朋友，亦不受同學歡迎，社交圈子狹窄，有時會「裝模作樣唬人」或「扮小丑引人注意」。

4. 學習問題

AD/HD 不是學習困難，但由於患者的注意力缺損，無法集中精神上課或完成作業，較難應付一些需要背誦、記憶的課業，造成學業成績與能力不相稱，成績欠佳又進一步減低學習動機。

5. 自尊感低落

成長過程因學業、行為等問題而充滿挫敗，不斷受到成年人指責，思想容易走向極端，自尊感甚低。成長後亦因難以持續工作，或維持人際關係而對自己懷疑和不滿。不少 AD/HD 患者表面「強硬」、「不在乎」，實則缺乏自信、自我形像低落。

常與 AD/HD 一併出現的其他障礙還有：

1. 對立性反抗

2. 行為失調

3. 情緒抑鬱

4. 精神緊張

5. 特殊學習障礙

支持與教導

　　對於6歲以下患有AD/HD的兒童，美國兒科學會（American Academy of Pediatrics）建議第一線治療是兒童及家長行為管理的訓練。兒童接受行為治療，家長須同時學習行為管理方法，以能在日常生活應用及練習。對於6歲及以上的兒童，可以藥物治療和行為治療相結合。注意藥物只是治療的一部分，兒童的家長也須學習行為管理的技巧，以幫助孩子建立適當行為。學校也是治療計劃的一部分，訓練自我控制，得到學校、老師的正面而有效的支持，對AD/HD兒童的幫助極大。

　　由於患者的情況差異很大，良好的治療計劃須按兒童個別需要而設計，並須不斷檢視效果，相關的治療方法有：

1. 藥物

　　a.　中樞神經刺激劑（stimulant）是最廣泛使用的AD/HD藥物。服用這類藥物後，七至八成患者的症狀會減輕，常見的藥物有派醋甲酯（methylphenidate）

　　b.　非中樞神經刺激劑（non-stimulant）於2003年在美國獲准用於治療AD/HD，這類藥物起效不如中樞神經刺激劑般快，但作用可較持續

　　藥物對每名兒童會產生不同的影響，部分兒童可能出現食慾下降、頭痛或睡眠問題等副作用。效果方面，每名患者也會

不同，家長須細心觀察及與醫生商討。最重要的是，藥物本身是調節大腦的神經運作，減低症狀對患者的困擾，令他們可以學習。孩子服藥後，家長和成年人須藉此時間協助、教導他們，讓他們建立良好行為。

案例

> 文銳確診有 AD/HD，醫生建議進行藥物治療。媽媽在社交群組中看到有些家長分享，說孩子服藥後成績沒進步，藥物沒有什麼效用；也有人說藥物有很多副作用，孩子服藥只是因為老師管不了孩子的課堂秩序而要求……文銳媽媽很困擾，應該讓孩子服藥？還是不服藥？

家長在考慮用藥時，須注意：

a. AD/HD 無法完全治癒。藥物只能改善情況，使患者能夠學習及建立克服困難的方法

b. 平衡用藥的好處和不用藥的後果。若不用藥，兒童可能因行為和學習問題而產生挫折及其他困難

c. 孩子在進行藥物治療前的診斷和輔導是否足夠。家長可先為兒童尋求行為治療等其他方法，再考慮是否用藥

d. 如何讓孩子明白「為什麼要服藥」。兒童服藥初期會因身體不適而拒絕，家長宜細心安撫及支持，例如藥物可能影響食慾，可安排先吃飯才服藥

e. 用藥的劑量。治療開始時由微劑量開始使用，讓兒童先適應，再按需要逐漸增加至適合用量，期間要經常注意兒童的身心狀況

f. 須與醫生討論才進行「藥物假期」（即在上課時服藥，假期停藥）及「停藥」安排。研究指出在醫生指導下，藥物成癮風險不大，但也要控制藥量不致被濫用

g. 緊記藥物只是控制 AD/HD 的干擾物，必須配合其他行為、心理及學習治療作輔助

注意：坊間許多資訊對用藥與否有不同説法，部分僅是個人經驗或口耳相傳，家長須與專業人士溝通，並細心留意孩子的反應，以尋找最適合孩子的用藥方案。

2. 行為治療法

行為治療法是廣泛採用的行為改善方法，要點包括確認孩子的行為問題、訂立行為目標、運用獎勵，協助孩子建立良好行為。方式有：

a. 了解孩子現時的情況，確立清楚、明確的目標行為，該目標必須是孩子可以達到、完成的，例如閱讀三頁書、安靜坐在椅上20分鐘

b. 訂立協助孩子完成目標的方法和步驟，例如將「安坐」圖卡貼在當眼處，提示孩子如何安坐

c. 選擇增強物和獎勵方式，例如能安坐五分鐘可得貼紙一張，集齊五張貼紙可獲得孩子自選的獎勵。獎勵初期宜寬不宜緊，以鼓勵好行為的出現

d. 按計劃進行並記錄行為表現，可設計一張紀錄表，紀錄行為出現次數和貼紙數量

e. 不斷檢討計劃成效。如孩子未能達到目標，須檢討原因，目標是否過高？實施方法不適合？然後修訂計劃，再實施至行為得到改善。最重要是讓孩子明白如何建立好行為，體會「成功」經驗和被他人認同

3. 專注力訓練

專注力訓練是以「執行功能」（executive function）為理論基礎的訓練策略。「執行功能」是近年腦神經科學研究的熱門課題，指控制大腦活動程序的一個「假設系統」。雖然其定義廣泛，學界還未達成共識，但普遍認同執行功能是處理個人生活和日常工作的關鍵系統，負責學習、工作、社交、情緒表達和管理、計劃、集中注意力、記住及執行指令，是成功處理任務的關鍵大腦運作過程。共有三種功能：

a. 工作記憶，即有效運用即時記憶處理任務的能力

b. 心智靈活，即大腦由一項工作有效轉移至另一項的能力

c. 自我控制，即控制情緒、專心工作的能力

按執行功能理論，專注力不足可以從(a)調節外在環境和(b)提升個人內在能力兩方面得到改善。

a. 調節外在環境方面

(1) 坐到較易被他人「看管」的位置，以幫助控制注意力

(2) 減少周遭的「引誘」，如玩具、電話、窗、同學說話的聲音

(3) 選擇個人感到較易集中的環境，如課室的前排座位、家中的某一角落

(4) 導師/同儕的口頭提示、提醒

(5) 大聲朗讀，聽到自己的說話有助記牢一些細節

(6) 用錄音提示自己的工作/課業細節

(7) 在日常工作，如溫習，做作業、寫報告等，可以製作工作或學習清單，並根據每項工作所需時間排序，按清單執行

(8) 設鬧鐘、計時器提醒自己開始或完成工作的時限

(9) 使用日曆、日程表、工作計劃表等工具來監控每項工作

(10) 運用圖表、圖畫、流程圖作提示

(11) 運用視覺輔助工具來提醒自己，例如將工作清單貼在牆上，每完成一項給一個「✓」號，完成清單工作得到獎勵(如吃一粒朱古力)

(12) 將長或複雜的作業／工作分成若干小份，規定完成每一小份的所需時間，按規定逐步完成工作

(13) 採取循序漸進的方式開展工作，可以先完成較容易但基礎的工作，增加信心，再逐步嘗試較難的工序

案例

> 萬祺，5歲，確診AD/HD，經常離開座位。老師知道萬祺喜歡船，於是製作了船的圖卡，船上貼有萬祺的照片，再把圖卡放在地上，告訴萬祺：「你坐的船正在海上航行。你會下船嗎？」萬祺答：「不會！」每當萬祺想離座，老師問：「可以下船嗎？」萬祺説：「不可以！」就這樣，萬祺一直安坐椅上，直至下課。

b. 提升個人內在能力方面

(1) 先計劃（plan）：想一想，先計劃完成工作的過程、步驟，將計劃紀錄下來

(2) 再行動（do）：認真執行工作，運用上述「外在環境方面」的提示策略，協助落實計劃

(3) 後反思（review）：

● 過程中不時檢查進度，若有問題立即修正

● 完成工作後反思自己在工作過程中的表現，做得好的保持，不好的予以改善。此步驟對AD/HD

孩子非常重要，因他們較難「積累」已有經驗以應付新的工作。反思能協助他們把各種外在策略和經驗轉化成個人的能力，應對下一個任務。這過程也能鼓勵他們發掘自己的強項，增強成功感

韻兒，14歲，專注力很弱，經常無法完成老師給的功課。下列步驟有助改善韻兒的情況：

1. 選定一項須完成的任務，例如專題報告

2. 家長可和韻兒一起討論完成專題報告所需的步驟：選題、搜集資料、整理資料、寫報告，並詳細計劃每個步驟所需時間、完成日期

3. 將步驟寫成行動計劃、日程，例如3月5日至15日要定題目、3月16日至26日要搜集資料等

4. 運用「外在環境」的提示策略，韻兒可將行動計劃製成圖表並貼在牆上，亦可請家人、朋友督促，也可製作錄音、影片，每天早上看、聽一遍提醒，這些提示的目的是幫助自己實踐計劃。韻兒亦可制定自我獎勵方法，每完成一個小步驟，給予自己小獎勵，例如喝杯台式奶茶

5. 若未能完成某一步驟，韻兒或身邊人不用氣餒，可請朋友、家長鼓勵韻兒，並支持修正計劃或思考較好的執行方法

6. 專題報告完成後，韻兒須思考自己能夠完成的原因和過程中用了什麼策略，最重要的是，思考這次經驗如何幫助她面對下一次任務

4. 情緒控制

AD/HD患者對控制個人情緒感到困難，須學習如何調節情緒，以減少行為問題。情緒調節的策略須在日常學習和不斷練習，以能在出現情緒不安和困擾時可以應用。包括：

a. 認識自己的情緒，身體反應是較容易認知情緒的「訊號」，例如不想動、不想上課、覺得很孤獨；拖延時身體會有疲倦、頭痛、渴睡的情況

b. 了解出現這些情緒的原因和後果

c. 用恰當的詞彙來描述情緒，例如沮喪、煩悶、不安、失望、憤怒

d. 學習使用有效的策略調節情緒，例如用壓力球、數「1、2、3」、深呼吸、畫畫、靜觀等

e. 嘗試在情緒出現時懂得運用調節策略，可以請朋友、師長、家人幫忙提醒

案例

芊惠情緒低落時會伏在桌上哭泣，若有人干擾，會立即大吵大鬧，甚至衝出課室，跑上天台嚷着要自殺。在心理學家幫助下，老師安排她上了一個情緒管理課程，芊惠知道了情緒低落時會頭很痛、四肢無力，她形容這種感覺是「無助」、「鬱悶」，她也學習用畫畫來紓緩情緒。老師在課室一角置有畫筆、紙和坐墊，每當芊惠感到情緒低落時，同學提醒她到坐墊畫畫。慢慢地，她的情況稍有改善，也能專心上課。

5. 其他

a. 減少糖分吸收

有些研究認為糖不是導致 AD/HD 的原因，但家長反映頗多 AD/HD 孩子吃糖和喝甜的飲料後，會特別興奮、多動、多言。若出現這情況，便須減少孩子糖分的吸收，特別是糖類飲料。

b. 食物

有研究認為現代食物的色素和添加劑是加劇孩子患 AD/HD 的風險因素。經驗得知有些孩子對味濃或加工的食物過敏，會變得非常興奮，若有此情況，須減少孩子進食這些食物。以往有很多 AD/HD 的食療治療（例如減少麩質食物），雖沒有很強研究支持，但家長可留意 AD/HD 兒童的飲食，從而作出調節。

c. 感覺統合

其原理是以有規律的動作刺激孩子大腦的前庭感和本體感（在大腦前額位置的感覺神經），當孩子得到滿足後，多動的情況會減輕，惟效果因人而異。適當運動對改善 AD/HD 的症狀非常有用，可提升大腦機能，紓緩情緒。

d. 針灸和中醫藥

中國在 1980 年代中已經有關於多動症的中醫藥如針灸、中藥的臨床研究，但這些方法仍處於研究階段，成功與否也因個案情況而異，家長須選擇信譽良好中醫師進行治療。

e. 另類方法

(1) 生物反饋（EEG biofeedback/Neurofeedback）：其原理是以生物反饋技術訓練孩子的腦電波，從而加強專注力，但研究數據不多

(2) 音樂、藝術、遊戲治療：可以幫助孩子穩定情緒的專業治療方法，並非一般的遊戲或音樂活動便能達到效果，治療師須先經過非常專業的訓練

(3) 魚油、維他命療法：在效用方面的研究不是很多，數據亦有很大分歧

總的來說，除藥物、行為治療法、執行功能策略有較多研究數據支持外，其他治療法的成效仍需較多實證和研究。支援AD/HD沒有既定方法，因此了解孩子的需要，以多元化的形式介入，且提供正向環境，絕對有助AD/HD孩子成長。

相關資源

評估機構

AD/HD須由精神科醫生斷症。家長可到香港衛生署兒童體能智力測驗服務網頁了解相關診斷服務流程（詳情列於附錄A部），亦可向私人執業精神科醫生求診。以下網站可查核醫生資歷：

1. 香港精神科醫學院。〈List of Private Psychiatrists in Hong Kong〉（私人執業精神專科醫生名單）。2024年。https://www.hkcpsych.org.hk/index.php?lang=tw&Itemid=465。

2.　香港醫務委員會。〈註冊醫生名單〉。2024 年 2 月。https://www.mchk.org.hk/tc_chi/list_register/list.php?type=S&fromlist=Y&advancedsearch=Y&regno=S24。

訓練和治療

確診後，學校會因應孩子的需要，安排情緒控制小組、社交小組等訓練，個別情況較嚴重的學生，學校或會有教學助理協助課堂行為。

家長亦可到社福機構如協康會、香港基督教服務處心橋兒童發展計劃等查詢 AD/HD 治療課程，請參閱附錄 B 部，查看由社福機構所舉辦的課程。

學習資源和教材

以下教學資源很實用，值得教師和家長參考：

1.　林俊彬、張溢明。《情緒有「轉」機 ── 如何幫助孩子轉出正向情緒》。香港教育大學，2021 年。https://www.eduhk.hk/ccfs/positive_emotion/。

- 教材套載有融入多元化策略以管理情緒的方法，如圖畫、文字、YouTube 影片

2.　教育局。《提升執行技巧：課堂支援模式》。香港特別行政區教育局，2016 年。https://sense.edb.gov.hk/uploads/content/adhd/resource1/ADHD.pdf。

- 教材套適合教導有 AD/HD 的小學生，內有很多有用的教學工具和策略，如視覺提醒卡、獎勵卡、寫作圖、檢查清單等

3.　教育局。《「執行技巧訓練：指導計劃」手冊（2022 年修訂版）》。香港特別行政區教育局，2024 年。https://sense.edb.gov.hk/tc/

types-of-special-educational-needs/attention-deficit-hyper
activity-disorder/resources/teaching-resources/62.html。

- 適合教導被確診或懷疑患有AD/HD的中學生，內容豐富，包括情緒、行為、專注等訓練

4. 教育局教育心理服務（九龍）組。〈「執行技巧訓練」教材套〉。教學資源庫，2010年6月24日。https://resources.hkedcity.net/resource_detail.php?rid=1579051203。

- 教材適合用作提升小學生的自我控制及執行能力

5. Center on Developing Child. *Enhancing and Practicing Executive Function Skills with Children from Infancy to Adolescence.* Harvard University, 2014. https://harvardcenter.wpenginepowered.com/wp-content/uploads/2015/05/Enhancing-and-Practicing-Executive-Function-Skills-with-Children-from-Infancy-to-Adolescence-1.pdf.

- 網站介紹了一些簡單的活動和遊戲：躲躲貓、Simon Says（在中文世界即是「老師話」的遊戲）、桌上遊戲，適合不同年齡的孩子，家長可以參考，寓訓練於遊戲，對提升專注力很有用

遊樂場、大自然都給了愛動的孩子舒展筋骨的場地。運動不但有益健康，大自然也是很好的老師，孩子能與環境互動，學到情緒控制，減低多動的情況，建立正向人際關係。

參考網站

共融資料館。〈注意力不足／過度活躍症〉。香港教育城，2024年。https://www.hkedcity.net/sen/adhd/basic。

香港衞生署兒童體能智力測驗服務。〈專注力不足／過度活躍症〉。香港特別行政區政府，2023年11月10日。https://www.dhcas.gov.hk/tc/adhd.html。

融合教育及特殊教育資訊網站。〈注意力不足／過度活躍症〉。香港特別
　　行政區政府教育局，2024年2月27日。https://sense.edb.gov.hk/
　　tc/types-of-special-educational-needs/attention-deficit-
　　hyperactivity-disorder/。

American Academy of Pediatrics. "Attention Deficit Hyperactivity
　　Disorder (ADHD)." Feb. 28, 2022. https://www.aap.org/en/
　　patient-care/attention-deficit-hyperactivity-disorder-adhd/.

Australian Disability Clearinghouse on Education and Training.
　　"Attention Deficit Hyperactivity Disorder (ADHD)." n.d. https://
　　www.adcet.edu.au/inclusive-teaching/specific-disabilities/adhd.

Center on the Developing Child. "Executive Function & Self-
　　Regulation." Harvard University, 2024. https://developingchild.
　　harvard.edu/science/key-concepts/executive-function/.

Children and Adults with Attention-Deficit/Hyperactivity Disorder.
　　CHADD, 2024. https://chadd.org/.

National Center on Birth Defects and Developmental Disabilities.
　　"Attention-Deficit/Hyperactivity Disorder (ADHD)." Center for
　　Disease Control and Prevention, Oct. 16, 2023. https://www.cdc.
　　gov/ncbddd/adhd/.

National Health Service. "Overview: Attention Deficit Hyperactivity
　　Disorder (ADHD)." Dec. 24, 2024. https://www.nhs.uk/conditions/
　　attention-deficit-hyperactivity-disorder-adhd/.

參考書目

American Psychiatric Association. *Diagnostic and Statistical Manual of
　　Mental Disorders: DSM-5-TR*. American Psychiatric Association
　　Publishing, 2022, pp. 69–76.

World Health Organization. "6A05 Attention Deficit Hyperactivity Disorder." In *ICD-11 for Mortality and Morbidity Statistics*, 6A05. World Health Organization, 2024. https://icd.who.int/browse/ 2024-01/mms/en#821852937.

偉諾，小一男孩。在2、3歲時，偉諾已能認讀很多很長且複雜的英文生字，如不同種類的恐龍名稱，也能記得巴士路線上的所有車站。他會説話，但語法單調，話題離不開交通工具。他不喜歡與人分享，不會指着某物件叫人一起看。有時，父母因工作忙，偶爾帶他到親戚家暫託，父母離開時偉諾不會黏着他們，也不會因與父母分離而哭鬧。但當他去到新的地方如遊戲班時，則會拒絕逗留並大哭大叫，還會推撞其他小孩而遭到投訴。

他極喜歡巴士，曾用塗改液把家中的地板畫成停車場，整齊地排放他的巴士，不許任何人移動。有次媽媽收拾時把巴士放回玩具箱，他激動得把頭撞向牆壁至流血。

偉諾也很偏食，曾經有半年時間只吃雞翼，父母用了很多方法也改不了。忽然有天，他不吃雞翼，改要吃飯，父母才鬆了口氣！

嘉嘉，小三女生。她情緒容易波動，稍一不順意，就會在課室大叫大吵，老師阻止，她或向老師吐口水，或躺在地上大哭。嘉嘉特別執著於遊戲的勝負，如果玩遊戲輸了，或者改變玩的方法，就會非常激動。嘉嘉能說話，但溝通能力較弱，老師問她問題，她只會用簡單短句回答。最初，老師認為這是嘉嘉的父母過於縱容所致。後來情況越發嚴重，家長才道出嘉嘉在3歲時曾接受評估，診斷為自閉症患者，在家也有類似行為問題。她曾參加一些社區組織辦的社交小組和活動，情況有些許改善。媽媽不想孩子被標籤，所以沒有告訴學校。

敬廷各科學習成績很好，中學文憑考試數理科有5級以上成績，英文也很好，達5級，只是中文科不合格。那年文憑試中文科作文題目是「包袱」，敬廷以為是要描寫書包，於是寫了一篇形容自己書包的文章。結果分數極低，再加上其他幾份考卷成績也不好，結果中文科只得1級成績。

　　敬廷幼時已被評為自閉症。多年來，在學校家長的努力下，敬廷的行為情緒有很大進步，懂得控制自己。學習方面，數理科成績頗好，最感困難的是中文，特別是閱讀理解。他常常不明白何謂作者的寫作動機或意旨，也無法理解比喻、明喻、成語等。他最弱的是寫感想、「假如……」這類文章。小四時，有次作文題目是「運動會感想」。在第一段，敬廷寫了某月某日學校舉行運動會，然後逐一報上各個運動項目的名稱，如跳高、跳遠。在第二段，他寫了在運動會後乘巴士回家，接着用二百字默寫不同巴士型號，再詳細介紹了各款巴士的外型和特色。

偉諾、嘉嘉、敬廷都患有自閉症譜系障礙（Autistic Spectrum Disorder, ASD，又稱泛自閉症障礙、孤獨症），一種發展性障礙。用「譜系」（spectrum）來形容自閉症特徵，是因為患者所呈現的症狀，其程度由輕微至嚴重，中間的幅度很大，對個體的成長影響也因人而異，行為容易令他人誤解。

　　以往自閉症譜系障礙包括幾個類別：自閉症、待分類的廣泛性發展障礙以及亞氏保加症。2013年，DSM-5和其後的ICD-11將所有這些類型統稱為自閉症譜系障礙。

發生率

　　自閉症譜系障礙的發生率，不同研究的數據有很大差異。美國疾控中心在 2022 年調查數據估計，大約每 36 名兒童中就有 1 人被診斷出患有自閉症譜系障礙，男孩的發生率是女孩的近四倍。部分自閉症譜系障礙兒童早於 18 至 24 月大時出現症狀，一般 3 歲前可以確診。自閉症譜系障礙會延續至成年期，儘管症狀可能會隨着時間而改善。部分患者可能因其症狀不明顯，直到社會需求超過其有限的能力，問題才突顯出來（例如缺乏同理心），亦有部分患者的症狀可能被生活中習得的策略所掩蓋（例如知道說話時眼睛要看着對方），直至遇到社交、行為、情緒上的困擾就醫才被確診。

症狀和診斷

1.　社交溝通和社交互動缺陷

a.　社會情感互動的缺陷

　　患者難以使用適當的社交方式與他人進行正常社交對話，較少與人分享興趣、情緒或情感，也難以開始社交互動。例如，患者不會跟他人打招呼、逃避參與社交活動、在社交場所不理他人感受，滔滔不絕說自己感興趣的話題。

b.　用於社交互動的、非語言溝通行為的缺陷

患者的言語和非言語表達的整合不良，缺乏目光接觸和肢體語言，難於理解和使用手勢表達；完全缺乏面部表情和非口頭交流。例如，與人說話時沒有眼神接觸、肢體動作使人誤會、說話時過於貼近他人，不明白他人的臉部表情如厭惡、嘲笑、不耐煩等。

c.　語言表達的缺陷

說話時聲線怪異、表達困難、說話內容或句式異常、與情境不配合的說話、顛倒代名詞（你、我）、無意義地重複他人說話。例如，經常重複一話題、不斷追問令對方感到不安的問題。

d.　建立、維持和理解人際關係的缺陷

難以調整行為和情緒以適應不同的社交情境。例如，忽然因情緒不適而坐立不安、大叫大哭、離座。

e.　進行「假想遊戲」的想像力缺陷

模仿能力不足或缺乏，年幼時不會玩「假想遊戲」（即扮演遊戲，將一實物想像成另一物件的過程），對事情缺乏共同視角（joint attention，即與他人同時共享某一看法和興趣的能力）。例如，10個月大的嬰兒不會用手指着某些物件，叫成年人一起看，或3歲大的幼兒不會玩扮演遊戲如「家家酒」、「扮爸爸媽媽」。

f. 結交朋輩的缺陷

對同儕不感興趣或無法以正常社交方法建立友誼。例如，不參與群體遊戲，或對喜歡的人有過於頻密的要求。

2. 刻板或重複的動作、使用物件或言語的習慣

a. 堅持、死板地遵守某些慣例、儀式化言語或非言語行為

即使是他人認為的「小問題」，都會感到極度不安。例如，書包要放在同一座位、不許別人動他的玩具。

b. 對環境變化、事情過渡感到困難

有着僵化的思考模式、習慣。例如，每天堅持走相同的路線或吃相同的食物、幼兒會因換新課室或到新的地方而大哭大吵。

c. 非常有限、狹窄且固定的興趣，其強度或焦點異常

例如，過度沉迷某種交通工具、對不尋常的物體（如某些動畫人物）有強烈的依戀或關注。

d. 對感官反應過度強烈或無感覺，又或對某些官能異常感興趣

例如，對疼痛／溫度明顯漠不關心、對特定聲音或紋理會有過激反應而大叫、沉迷某種氣味或觸摸某些物件如絲襪、喜歡燈光刺激、迷戀或跟隨會移動的物件（如轉盤、風扇）轉動身體。

在不同的年齡階段，自閉症譜系障礙患者會表現不同的主要症狀：

1. 嬰兒期

自閉特徵可能會在嬰兒期出現，但一般會在年紀稍長後檢查時才被確認。常見症狀是社交溝通和語言能力發展不達同齡要求。

2. 學齡前兒童

說話時不看着對方、抗拒身體接觸、缺乏進行社交想像遊戲的能力、語言遲緩，或雖能說話但不能應用在社交場合中與人互動、社交退縮、強迫性或重複地只專注某事物、缺乏與同儕的社交互動，對「平行遊戲」（parallel play，即小孩們坐在一起，但各自玩自己的玩具，是幼兒與人建立社交互動的開始階段）或不感興趣、對日常聲音或食物會較敏感。

3. 兒童中期

對於沒有智力發展障礙的自閉症譜系障礙兒童，他們會在入學或少年期，因社會溝通問題難與同齡人相處，而感到被人孤立，或出現社會適應困難。對不熟悉的經驗會抗拒，對日常生活中的小事也會反應過敏。過度關注細節，行為和思考顯得固執僵化，過於堅持己見。焦慮症狀可能會變得明顯。

4. 青年期

在學術要求較高的年齡，同儕相處和日益複雜的社會關係是自閉症譜系障礙患者的主要困難。部分患者的潛在社交溝通缺陷可能會被精神和行為障礙所掩蓋，如可能有憂鬱症狀。

5. 成年期

患者處理社會關係的能力會受到越來越大的挑戰，會被社會孤立、出現不當行為。但另一方面，他們對特殊興趣的專注力，例如對電腦科技的能力，可能會使某些人在教育和就業方面有突出表現。有些自閉症譜系障礙患者在成年後，可能由於家庭或工作關係的破裂才第一次去診斷和查症。

成因

有關此症成因的研究很多，科學家們普遍認為是大腦神經運作異常所致，但至今還未確實知道是哪一神經機制導致患者出現障礙行為。較為肯定的是自閉症譜系障礙與親子關係或管教欠佳無關，遺傳傾向頗明顯，在有成員患有自閉症譜系障礙的家庭案例中，兄弟姐妹同患有自閉症譜系障礙的機會較高。

自閉症譜系障礙不是因智力發展障礙或整體發展遲緩引致。但智能障礙患者亦常有自閉症譜系障礙症狀，因此一般會同時診斷和評估兩個障礙，因其社交溝通能力低於一般預期發展水準而被斷為自閉症譜系障礙患者。

自閉症譜系障礙的嚴重程度以社交溝通能力、重複刻板行為及需要支援的程度來判定。

困難和需要

患者會在社交溝通、行為、情緒等方面出現困難：

1. 欠缺同理心

難以對別人的感受產生共鳴、不能理解別人的感受和意圖、無法與人相處和建立親密關係。不少自閉症譜系障礙人士到成年期後亦難有個人社交圈子。

2. 不善於表達感情，特別是用言語表達的能力

與人交談時多只會描述事物表面和經過，也因不懂運用社交語言如禮貌用語，而容易傷害或開罪他人。例如，直接指出他人的過失或缺點。

3. 語言溝通能力不足

遇到事情無法用適當語言清楚描述問題的原因,也難以了解問題的來龍去脈並找出應對策略,會因誤解而以不恰當的形式表達意見。

4. 缺乏社交能力,不明白社交禮儀和規矩

他們也想結交朋友,但由於缺乏社交技能而難以與人建立友誼,唯有獨處,影響情緒。

5. 容易受外界事情影響情緒

情緒可能容易不穩,或以不適當方法表達情緒。例如忽然大聲呼叫、説話不禮貌,影響與人相處。

6. 難以處理感官信息

對環境刺激如強光、噪音的反應可能會過激(過敏)或漠視(低敏),其情況因個體而異,並根據情緒、壓力和刺激強度等其他因素而有不同反應。為紓緩情緒和感官不適,常作出自我刺激(如自傷)的行為。

7. 對環境的適應能力低

對新環境/事物感到不安，當常規出現改變時有適應困難，或會以不恰當方法表達不安情緒，予人不守規矩、不成熟的觀感。

8. 堅持生活形式的一貫性、不合群

興趣狹窄、單一，特別喜歡一些很個人化的活動，如IT科技、交通工具、無法與人建立共同興趣、難以參加社會群體活動，或嘗試後被拒絕。

9. 因無法應付情境而導致焦慮，作出具挑戰性行為和情緒不安

情緒起伏過大，容易發脾氣（因不懂適當地表達自己），被認為破壞群體秩序和文化。

支持和教導

迄今為止，自閉症譜系障礙未有藥物可治療，部分患者可能因情緒過激、焦慮而服藥。心理、行為治療、社交訓練對兒童患者有頗好的療效。

1. 行為改變

　　自閉症譜系障礙患者缺乏在日常生活觀察、學習適當行為的能力，因此，他們需要系統化、特定的訓練方法以學習適當的社會行為。多項研究認為「應用行為分析」有效協助患者建立正向行為，減少因不當社會行為造成的社交困擾。

a. 應用行為分析

　　主要是有系統地設計、執行及評估對兒童行為改善的策略，並根據觀察、評量及分析兒童行為的結果，控制行為的前因和後果，配合適當的介入行動和獎勵，從而改變兒童的行為：

> 嘉嘉不開心時會用手大力拍打頭部。行為分析法可以改善嘉嘉情況，目標是幫助嘉嘉建立好行為，取代不良行為，即是不開心時不拍打頭部，而是選用適當方法表達。
>
> 目標行為：
>
> - 不開心時，把手放在腰部，然後數「1、2、3」
>
> 策略：
>
> - 先教導嘉嘉認識到自己不開心的感覺，如身體發燙、發抖
>
> - 然後學習「把手放腰部，數『1、2、3』」的動作（把手放腰部的目的是避免用手拍頭，數「1、2、3」是要幫助她專注和平靜下來）
>
> - 將兩個步驟結合，即是教導嘉嘉在不開心時，把手放在腰部，然後數「1、2、3」
>
> - 嘉嘉若能做到，給予獎勵肯定

b. 結構化環境和系統化策略

由於自閉症譜系障礙患者會對環境轉變或陌生環境感到不安和無所適從，因而控制不了情緒。結構化環境和系統化策略有助他們適應，減低不安和不適感，亦建立遵守常規的能力，策略有：

(1) 在家、課室提供有系統、規律的學習及作息時間表

(2) 特設座位，例如安排在家中某一角落、課室內的固定座位

(3) 具體規定可活動的空間領域，例如房間、課室後半的空間、桌面

(4) 減少外界的視覺、聽覺，或感官干擾

(5) 提供安靜的角落以紓緩情緒，可以選房間的一個小角落，配置簡單設施如豆袋、小玩具、壓力球

(6) 安排適當時間長度和負荷的工作，允許活動之間短暫休息

(7) 在特定時間段內分配特定任務，給予完成工作的時間指標，可用計時器設定時間

(8) 將學習材料分成小部分，逐步完成

注意：由於自閉症譜系障礙患者對環境的適應能力與他人不同，成年人須詳細觀察、評估兒童的需要，才設計適當的環境以協助他們，過程中須不斷調節以找出最好的策略。

c. 使用視覺策略

大多數自閉症譜系障礙患者的視覺感官較強，使用視覺策略來配合教導會更有效，例如：

(1) 用圖片／實物作為提示，如設計「安坐」、「先舉手、後發言」等寫有動作提示的圖卡

(2) 運用組織結構圖如腦圖（mind map）來組織想法

(3) 日曆、流程表／圖、計劃表等協助策劃及執行

(4) 計時器以管理時間

(5) 檢查清單以檢視工作過程

下星期，學校安排學生參觀消防局，考慮到偉諾面對新環境可能會感到不安而出現不適當的反應，可在參觀前製作「消防局照片」，並在日曆上標示參觀日，貼上消防局的照片。

以上兩「教具」（日曆、照片）可放在課室當眼處，告訴偉諾會去參觀消防局。然後每日向其展示日曆，提醒參觀日期。如有需要，可將參觀過程製成流程圖，讓偉諾事先知道參觀的過程，減低他的心理恐懼。

d. 獎勵

運用獎勵以肯定正確行為，這對自閉症譜系障礙患者很重要，因一些明顯、外在的信息能幫助他們明白一個行為是否正確，且令正確的行為更持續。例如：

(1) 提供口頭和非口頭的社會強化策略，如口頭讚賞、物質獎勵

(2) 獎勵要即時，緊跟着好行為

(3) 使用獎勵紀錄

(4) 有系統的獎勵計劃和回饋

子揚媽媽經常用「文具」、「考試名列全級首十名便去迪士尼」作獎勵，希望子揚乖一些，但效果不明顯。

1. 子暘不知道如何表現「乖」行為。媽媽可具體列明何為「乖」的表現，例如完成當天的功課、早上遇到鄰居要說「早晨」。

2. 「文具」是否子揚喜歡的獎勵？媽媽可和子揚討論他喜歡的獎勵方式。獎勵也可以是非物質的，如可玩 Lego 30 分鐘。

3. 若子揚的成績稍遜，「考試名列全級首十名」對他而言是否「不可能的任務」？獎勵可從子揚現況開始，例如現時的中文默書分數是 60，如提升 2 至 3 分可得貼紙一張，三張貼紙可換禮物，其他科目也可按此方法獎勵，終極大獎是「去迪士尼玩」。拆成一小步、可以達成的獎勵，更能提升動機，增強成功感。

2. 溝通社交訓練

自閉症譜系障礙患者的社交溝通缺陷有兩方面：

a. 缺乏共同視角的能力

b. 缺乏使用社交符號（身體動作、臉部表情）及方法的能力

這些缺陷令自閉症譜系障礙患者難以理解他人的想法和行為、學習和運用社會語言，以及能夠從他人說話的「意涵」中掌握語言意義以進行適當的社交溝通。因此，與自閉症譜系障礙兒童溝通時，須注意：

a. 說話前，先呼喚兒童的名字，確保兒童正在注意你的說話

b. 放慢節奏，先等待他們回應

c. 使用短句，清楚準確地說話或提供指示

d. 避免使用反話、比喻、隱語等，他們較難明白當中的意思。例如，要求他們安靜時，不要說：「請問你可以安靜一點嗎？」而是直接說：「請合上嘴巴，保持安靜！」

e. 避免要求他們回答開放式問題，可提供選項或選擇。例如，問「今天學校的午餐好吃嗎？」和「你喜歡上數學課嗎？」，而不是「你今天過得怎麼樣？」

自閉患者難以從社會環境和人際互動過程中，觀察到他人的言行，並學習到社交所需的技巧，因此他們需要額外、直接的訓練，例如教導他們如何：

a. 表達意見

b. 進行社交禮儀

c. 如何以共同視覺進行活動。例如，如何評論一件事情、如何理解他人信息

d. 教導與人分享情緒

這些訓練可以個別訓練或小組形式進行，但必須在日常生活中經常重複練習。社交和行為圖卡、社交故事（social story）是常用的教學策略：

社交故事是一種特定的故事形式，重點是「教導孩子明白他人的視角」。社交故事最基本的結構是：

1. 陳述、描述當時環境，如：小息時，操場上有很多同學

2. 指出他人的行為和想法，如：上課鈴聲響起，同學們都在操場排隊

3. 說明自己的行為和想法，如：我也和同學一樣去排隊

4. 肯定自己的行為，如：這樣大家都能安靜、守秩序返回課室

社交故事可以用圖畫配合，增強孩子的投入感。運用社交故事，有一點很重要：必須持續、反覆練習！如可在小息前，請孩子讀一兩次上述例子的故事，以加強行為的出現。

3. 學習策略

自閉症譜系障礙的診斷準則是社交溝通和行為,與智力無關。患者中有患智能障礙的、也有正常智力甚至資優的兒童。但由於自閉症譜系障礙的其中一個常見困難是缺乏共同視覺、同理心,難以從他人角度理解事情,故自閉症譜系障礙兒童較擅長於數理、科技,對於社會科學、歷史、哲學、語文等方面的學習較感困難。教導自閉兒童學習時,須了解他們的學習特質,再配以適當的學習方法。

自閉症譜系障礙患者的學習思考特質有:

a. 善於以視覺思考理解事物、處理信息:部分患者具有類似「攝影機」的記憶能力

b. 部分患者善於記憶文字或符號:他們喜歡製作清單,並經常記着(某些特別)的東西,如火車時刻表和路線、按字母順序排列的事件,以及軟件產品代碼等

c. 對各種事物和事實過程有很強的記憶力:例如記得大量電影明星名字、體育賽事、出版物名稱,也會記得歷史事件,但就可能無法作出深入分析

d. 部分患者擅長找出事物的「模式」,即使是在一堆數據中:較擅長於「先細節,後概念」的思考方法,能將碎片化資料分類,然後進行歸納,再重新組合成一個連貫的想法,並得出結論

e. 自閉患者一般擅長有系統、較具邏輯性的思考,教導他們時可儘量設計有系統的學習方法

　　基於自閉症譜系障礙患者的學習特質，他們較適合直接教導（direct instruction）的教學模式，對於探索式學習法（inquiry based learning）會感到較大困難，這是由於探索式學習要求學生就某一題目進行探究、解難，過程較彈性，變化也較大，對於喜歡程序、系統化學習的自閉症譜系障礙患者，特別對幼兒和小學階段的學生挑戰更大。直接教學法是：

a.　老師會分析學習的內容，將之分拆為細小的部分或步驟

b.　儘可能按最適合學習者的程度來分拆

c.　在教授複雜技能時，把每個小部分視為一種獨立的技能教授，然後逐步將所有部分連結起來

　　語文是自閉症譜系障礙學生的難點，他們特別對比喻詞、暗喻等修辭法感到困惑，會不明白文章作者的用意。在教學上，可考慮：

a.　閱讀理解

　（1）將抽象概念具體化

　（2）進行文章理解前，先建立背景知識。例如，向學生展示與文本相關的電影、告訴學生一個與文本相關的故事

　（3）幫助學生在個人的經歷與文本主題之間建立聯繫

　（4）與學生討論並在圖表紙上寫下想法

案例

天宇是自閉症患者，智力中上。他很害怕中文科，考試時看見一大篇閱讀理解題，會哭泣起來。中文科蕭老師用了以下方法協助他：

1. 將整篇文章按其重點分割成若干小段落

2. 每一段落找出關鍵詞，如人物、地點、主要事件、主要想法，用顏色筆標記

3. 若是記敘文，用「一、二、三」代替「首先、然後、跟着」的事件發展時序

4. 若是議論文，以論點一、二、三標記不同論點、論據

5. 若有比喻、暗喻，從文章中找線索

　經訓練後，天宇閱讀能力有改善，雖未達標，至少不會一邊閱讀、一邊哭泣。

b. 作文

(1) 運用腦圖來整理想法，步驟是：將所有想法先寫下來，然後進行整理、歸類。完成後，嚴格要求學生按腦圖內容分段寫作

(2) 使用錄音機、卡片將想法、關鍵詞記錄下來

(3) 將零碎的想法串連為句子、段落

(4) 需要時，提供範例（例如工作樣本）、任務檢查清單作輔助工具

相關資源

評估機構

自閉症譜系障礙須由精神科醫生診斷。兒童可經母嬰健康院、註冊西醫、臨床或教育心理學家，轉介到香港衛生署兒童體能智力測驗中心，香港衛生署網頁（https://www.dhcas.gov.hk/tc/developmental_assessment.html）有介紹轉介程序。詳見本書附錄A部。

家長亦可帶孩子到私人執業精神科醫生接受評估，為使評估更準確，建議家長準備兒童平日的行為紀錄給醫生參考。

私人執業醫生名單，可到香港精神科醫學院的網站（https://www.hkcpsych.org.hk/index.php?lang=tw&Itemid=465）查核。詳見本書附錄C部。

治療和訓練

評估後孩子可能須接受治療和訓練，學前兒童經香港衛生署兒童體能智力測驗中心確診後，社會福利署康復服務中央轉介系統會按其情況提供不同復康治療服務，詳見社會福利署學前兒童康復服務網頁（https://www.swd.gov.hk/tc/pubsvc/rehab/cat_serpresch/）。

6歲至12歲的學童，教育局按三層架構提供支援，可參閱他們的網頁了解更多（https://sense.edb.gov.hk/tc/index.html）。

家長亦可因孩子的需要，尋找能提供適合治療和訓練的專業人士：

1. 言語治療師：語言、溝通、社交訓練
2. 教育心理學家：行為、情緒訓練
3. 輔導專業人員：情緒、社交、學習輔導
4. 音樂、藝術、遊戲治療師：情緒、行為輔導
5. 職業治療師：手眼協調、運動機能

以上專業人員資料，可參考本書附錄，B部是社福機構的服務，C部為私人執業治療師。

學習資源和教材

除專業人員的訓練，家長和老師可參考選用以下的教學和介入策略，日常持續的練習，會對改善自閉兒童的情況有極大幫助：

1. 協康會研發的應用程式：知情解意iPad應用程式、社區樂悠悠2、解難智趣囊2、「語你同行」輔助溝通iPad應用程式程式皆可用手機下載。

    - 程式載有自閉症情緒、生活適應、溝通的學習策略和方法，簡單有趣

2. 共融資料館。〈自閉症/亞氏保加症〉。香港教育城，2024年。https://www.hkedcity.net/sen/asd/basic。

    - 載有自閉症的專業輔導和教學策略

3. 賽馬會喜伴同行計劃。《「提升有自閉特色學生的中文寫作能力」教材套》。 香港賽馬會慈善信託基金，2022年。https://www.socsc.hku.hk/JCA-Connect/knowledge/教學資源套/。

    - 供教師使用的教材，家長亦可參考，選取適合方法在家教導孩子

4. 賽馬會喜伴同行計劃。〈網上培訓〉。香港賽馬會慈善信託基金，2022年。https://www.socsc.hku.hk/JCA-Connect/knowledge/online-training/。

    - 網上課程「親子技巧訓練課程」、「星語童遊」都是給家長編寫的，十分實用

參考網站

共融資料館。〈自閉症／亞氏保加症〉。香港教育城，2024年。https://www.hkedcity.net/sen/asd/basic。

香港衛生署兒童體能智力測驗服務。〈自閉症譜系障礙〉。香港特別行政區政府，2023年11月2日。https://www.dhcas.gov.hk/tc/autism_spectrum_disorder.html。

融合教育及特殊教育資訊網站。〈自閉症〉。香港特別行政區政府教育局，2024年3月1日。https://sense.edb.gov.hk/tc/types-of-special-educational-needs/autism-spectrum-disorder/。

American Academy of Pediatrics. "Autism Spectrum Disorder." May 4, 2023. https://www.aap.org/en/patient-care/autism/.

Australian Disability Clearinghouse on Education and Training. "Autism." n.d. https://www.adcet.edu.au/inclusive-teaching/specific-disabilities/autism.

National Center on Birth Defects and Developmental Disabilities. "Autism Spectrum Disorder (ASD)." Center for Disease Control and Prevention, Mar. 31, 2023. https://www.cdc.gov/ncbddd/autism/index.html.

National Health Service. "Newly Diagnosed with Autism: Things to Help." Oct. 28, 2022. https://www.nhs.uk/conditions/autism/newly-diagnosed/.

參考書目

American Psychiatric Association. *Diagnostic and Statistical Manual of Mental Disorders: DSM-5-TR.* American Psychiatric Association Publishing, 2022, pp. 57–68.

World Health Organization. "6A02 Autism Spectrum Disorder." In
ICD-11 for Mortality and Morbidity Statistics, 6A02. World Health
Organization, 2024. https://icd.who.int/browse/2024-01/mms/
en#437815624.

偉聰是一位非常精靈可愛的小二男生。他喜歡動物,知道很多動物的知識,上常識科時特別專心。他也喜歡體育課,跑跑跳跳,但最怕中文科。

認字對他而言很痛苦,默書更是痛中之痛。打從一年級的第一次默書開始,他的成績都徘徊在10至30分之間。最初媽媽以為他不用功,只要多努力一點,多溫習幾遍,成績就會好起來。於是每晚持續溫習,到默書前一晚再做總溫習。這個方法初時有少許效果,分數升到30、40分,但之後進步不大,最近,媽媽加強操練,在默書當日提早起床再溫習幾遍,希望偉聰的文字記憶能保存至默書的一刻,可惜,少許進步是有的,但和合格還是有點距離。

志銘從幼稚園開始，已學習英文。小一時第一次英文默書，錯字很多，每個英文生字不是「a」變「e」，就是「h」、「n」不分，字跡東歪西倒之餘，最後還變成一堆線條。父母不斷和他溫習，但隨着默書的生字量越多，成績越糟。到了小三，他連「boy」、「girl」這些簡單的英文字詞也讀不出來。志銘的中文尚可，閱讀能力頗好，寫字雖然潦草，但還是勉強可認。老師懷疑他有讀寫障礙，父母於是帶他做評估，報告結果説志銘不是讀寫障礙，因他的中文認字和閱讀能力達標。

志銘上過一些英文拼音（phonics）班，能讀出「a」、「e」、「ai」等母音，但當幾個音拼在一起，就無法讀出來。即使能拼讀，也無法理解詞的意思，例如，他能讀出「train」，牢記着「train」即是「火車」，當字詞變成了「training」，他就不明白是什麼意思。名詞或動詞尚可用「死記」的方法，但對於「then」、「because」等連接詞，就感到困難。

雅詩看着工作紙上數十題多項加減題，非常懊惱，她問媽媽：「我已懂加、減、乘、除啦，為什麼要計這些多項題呢？有什麼用？」媽媽解釋了一大遍，說什麼數學可以訓練邏輯推理、解難能力之類，雅詩說：「其他學科都可以訓練啦！」，媽媽最後唯有說：「這是學校功課，一定要做！」

雅詩的語文成績尚可，中文作文尤佳，甚有創意，但數學是她的惡夢。小學低年級時，對於一些簡單的加減公式運算題，只能以多做、背答案的「死讀書」方法勉強應付，但對於文字應用題卻束手無策，成績只能在合格邊緣。她現在讀小三，老師教的數學，雅詩實在無法掌握。面對每日幾十題的課後練習，心中只是不斷想：「明天又要留堂做功課嗎？」

偉聰、志銘、雅詩在主要學科的學習感到困難，統稱為特殊學習障礙（Specific Learning Difficulty, SpLD，下稱「學習障礙」）。這是一種神經發育障礙，患者在學習和使用特定學術技能，例如閱讀、寫作和算術出現困難，而這些技能是大多數其他學科學習的基礎能力。

學習障礙患者的困難主要表現在閱讀、數學或書面表達的能力，與標準化智能測驗比較，他們的表現大大低於其年齡、教育程度和智力水平的預期。這些障礙嚴重影響學業成績或日常需要閱讀、數學或寫作技能的生活。

學習障礙和智力無關，故患者可能會具有高智力天賦，惟在需要學習或測考（例如限時測試）時，他們的智能和補償策略（例如重複練習）無法克服學習文字的困難。對於患者來說，在修讀需要相關技能的課程或工作方面，學習障礙可能會對他們造成終生困擾。

學習障礙在幼年期或需要書寫、做算術時會出現，困難可能會持續到成年。若患者的障礙是認字、寫字，可能會在較年幼時被辨認出來，若障礙是默寫及閱讀，則在較年長時才被辨識。

學習障礙必須與缺乏教育機會、教學品質不佳，或文化因素而導致的學業困難區分出來。學校教育質量不佳或家庭問題可能會導致學校成績測驗表現不佳，來自不同種族或文化背景的兒童在學校文化或教學語言不是母語的學校，測驗成績也可能低下。來自相同文化背景的孩子也可能由於疾病、貧困或惡劣生活環境，而導致學習成績落後，但這些均非學習障礙，在評估診斷時要特別留意。簡言之，學習障礙不是缺乏學習機會的結果，也不是智力低下的表現，也不是由任何形式的後天性腦外傷或疾病所造成的。

發生率

　　據估計，5–15% 的學齡兒童有學習障礙，80% 的學習障礙兒童是讀寫障礙（dyslexia，另稱為「閱讀障礙」）。患有學習障礙的男性和女性數字相同。學習障礙與其他神經發育障礙（例如 AD/HD）以及焦慮症等具有很高的共病性，即很高機率會一同出現。

症狀和診斷

1. 讀寫障礙

　　學習障礙患者中，以讀寫障礙佔大多數。讀寫障礙的特徵是閱讀成績（即閱讀準確度、速度，或透過單獨進行的標準化測試的檢定成績）大大低於個人實際年齡、智力和教育的預期。讀寫障礙會嚴重干擾學業成績或日常需要閱讀技能的活動。

　　讀寫障礙可以單獨出現，或與數學障礙或書寫表達障礙相結合，大約五分之四的學習障礙患者都有讀寫障礙。一般而言，有讀寫障礙的學生的文字記憶較弱，處理文字相關信息的速度也較慢，其語音處理、視覺及聽覺認知能力、左右分辨、列序或文字組織能力亦會低於同齡人水平。在香港，讀寫障礙的普遍比率約為 9.7–12.6%。

閱讀困難的情況可能早在幼兒園階段時出現，但較少在幼兒時期斷症為讀寫障礙，因為在大多數幼兒園課程，閱讀量還不是很重。至小學階段，閱讀的學習活動大量增加，其問題才較明顯。特別需要注意的是那些有讀寫障礙但智商高的孩子，在低年級時的表現可能達到或接近其年級的應有水平，而問題可能要到較高年級時才完全顯露出來。

在患有讀寫障礙的人群中，口語閱讀的特徵是讀錯音、替換或遺漏字詞、口頭和默讀時的速度緩慢且理解文字上有錯誤。例如，將肯字部的字如「靜」、「靖」都讀成「青」，或把「噪音」看成「噪音」、「清潔」讀成「乾淨」。

a. 一般症狀

（1）文字或語言相關的信息處理速度較慢，例如緩慢的口頭和／或書面語言處理速度

（2）處理文字時的注意力不集中

（3）閱讀進度緩慢

（4）難以遵循語言指示

（5）單字發音異常

（6）閱讀理解能力差

（7）閱讀時猶豫不決、吃力，尤其是在大聲朗讀時會出現較多錯誤

（8）閱讀時遺漏單字或添加額外單字

（9）難以從段落中找出最重要的要點

(10) 忘記詞語

(11) 無法辨識熟悉的單字

(12) 與口頭能力相比，書面作業表現較弱

(13) 字詞混淆，書面作業有許多劃掉和多次嘗試的單詞

(14) 握筆能力差

(15) 字跡混亂難辨，出現很多字形「顛倒」和錯誤

b. **現時香港教育心理學家普遍使用的評估工具**

（1）學前兒童讀寫障礙及早識別量表（The Hong Kong Dyslexia Early Screening Scale）

（2）香港小學生讀寫障礙測驗（第三版）

（3）香港初中學生讀寫障礙測驗（第二版）

直至現時，均沒有單一的辨識方法來識別學障兒童，故評估必須持續從多個來源如家長、老師的信息來分辨學生的困難。此外，以下的識別工具可協助教師和家長及早辨識兒童的學習障礙：

（1）香港學前兒童閱讀能力甄別測驗（The Hong Kong Reading Ability Screening Test for Preschool Children [RAST-K]，只供學前教育工作者使用）

（2）香港學前兒童學習行為量表（家長版）（The Hong Kong Learning Behaviour Checklist for Preschool Children）

（3）香港小學生讀寫困難行為量表（第二版）（The Hong Kong Behaviour Checklist of Specific Learning Difficulties in Reading and Writing for Primary School Students (Second Edition) Manual [BCL-P(II)]）

在香港或其他中英雙語教學的地區，讀寫障礙的情況較為複雜。這由於中、英文是兩個完全不同的文字體系，於是分別單獨出現了中、英障礙，或中、英文均有障礙的情況。

c. 中文讀寫障礙

漢語是一種非字母語言，其障礙困難與英語有差異。中文的文字和音素（phoneme）之間，不存在字音對應關係，閱讀時不能單憑字旁讀音一起拼成整個字的讀音，因此閱讀中文和英文可能需要不同的語言技能。

內地、台灣學生以拼音學習讀漢字，但香港、澳門學生則不學拼音，而是看字讀音。部分研究顯示漢語拼音學習能夠培養學生的語音意識，但與學生的閱讀能力關係非常有限。大體上，中文讀寫障礙學生在學習漢語時有以下情況：

（1）混淆字形、字形結構倒置

（2）語音混淆，處理同音字有困難，如弄不清如何使用「象」和「像」字

（3）認字能力、識字率較同齡人少

d. 英文讀寫障礙

(1) 難以分辨看起來相似的字母，特別是「b/d」、「p/g」、「p/q」、「n/u」、「m/w」

(2) 在一篇文章中以幾種不同的方式拼／寫出同一個單字

(3) 英語拼出較奇怪的語音，表現不達其年齡／能力應有的水平

(4) 難以把字母拼合在一起，例如會讀「rain」和「t」，但就無法讀出「train」

(5) 難以把字詞按音節劃分

2. 數學運算障礙

數學障礙（dyscalculia）並不能以智力低下或教育不足來解釋。這種障礙涉及難以掌握加、減、乘、除法的基本計算技能，但若果是難以掌握代數、三角學、幾何或微積分等更抽象的數學技能，則不列入數學障礙。

數障患者的數感、了解數字事實或計算能力較弱。例如，他們會難以處理數字的大小和關係、以數手指而非心算進行加法、難以處理計算、未能運用算式。患者在年幼時期可能會混淆位值，例如不明白何謂個位、十位、百位，或不明白加號和乘號的意思。

患者亦可能對學習認識時間有困難，未能理解和讀出傳統時鐘的時針和分針所指的時間，也可能分不清「昨天、今天、

明天」的時間概念，對於記住日期有困難，例如星期幾、出生日期、一年中的季節、一年中的月分等。

3. 書寫障礙

書寫障礙（dysgraphia）指用手書寫的功能存在損傷，會因而影響書寫文字的速度和字型。患有書寫困難的兒童可能只有在用手寫字時有障礙，也可能和讀寫障礙同時出現。其表徵有：

(1) 無法寫出字形

(2) 握筆時太用力、笨拙或感到疼痛

(3) 難以遵循筆劃順序寫字，或難以將字寫在規定的橫線或方格內

(4) 字跡潦草，筆劃過長或過短，難以辨認

(5) 寫作時的句子結構或文法規則有問題，但口語運用則沒問題

(6) 難以在紙上組織或闡明想法

(7) 對某個問題的口頭和書面理解之間存在明顯差異

書寫困難症狀通常會隨着年紀而改變。患有書寫困難的兒童通常在年幼時會有抄寫文字方面的困難，並有其他精細運動（fine motor skills，即運用較小的手部和手指肌肉的能力）障礙，而青少年和成人的書寫困難則表現在語法、句法、理解以及將想法寫在紙上的困難。

成因

迄今，學界仍然未能確定造成學習障礙的所有可能原因，但找到了一些風險因素。研究指出，風險因素可能從出生起就存在，並且有遺傳性。數據顯示，若父母有學習障礙，他們的孩子也較有可能出現學習障礙。

1. 有研究顯示，儘管有些兒童的語言發育遲緩並非嚴重到需要單獨診斷，也可能與學習障礙有關（特別是讀寫障礙）

2. 學習障礙有可能與感知肌能發展協調障礙有關

3. 學習障礙可能會和其他神經發展障礙共同出現

4. 認知處理潛在的異常（例如，認知能力缺陷、視覺感知缺乏、語言表達、注意力或記憶缺損，或這些情況的組合）通常比學習障礙或與學習障礙有關的情況早出現，儘管這些並非測量學障的準則

5. 大腦運作功能失調，如工作記憶、執行功能失調

困難和需要

由於文字和數學是現今教育系統的主要學習工具，若學障患者無法善用兩者，會因而難以在學校取得成就，長期成績低下亦可能被誤認為懶惰或愚蠢，會造成學習動機低落、

自卑感。部分學童因成績欠佳而被嘲笑,導致有社交困難或厭學。

學習障礙的兒童或青少年的輟學率是一般學生平均值的 1.5 倍。患有學習障礙的成年人可能因學歷不足,會在就業或社交方面有重大困難和難以適應。部分學障患者(10–25%)也同時有行為障礙、對立反抗障礙、AD/HD 等發展性障礙。

支持和教導

學習障礙的發生率雖高,但在識別和適當介入後,治癒效果良好。教導學障學生的策略,可分為一般有效處理文字、數字和信息方法,以及針對中、英文及數學的學習方法。

1. 一般有效處理文字、數字和信息方法

a. 「小步子」閱讀教學:將功課/學習內容分拆成小步驟,讓學生逐步完成。完成每步驟後提供回饋,確定學生掌握每一步才繼續

b. 視覺策略:將學習內容以視覺性形式展示出來,如腦圖、列表、影片,幫助孩子理解和掌握內容

c. 聽覺策略:將學習材料轉為有音頻的短片或錄音,幫助練習或複習

d. 多感官學習法：除聽覺和視覺方法外，可以利用身體、動作等途徑將資訊儲存入大腦，加強記憶。例如在閱讀文章時，學生可指着文字，或可將詞彙以動作表現出來以加強記憶。也可用不同顏色標示文章重點、用不同物料如沙、布、黏土等寫字，讓學生動手操作

e. 加強手眼協調訓練：迷宮、線條練習、拋球、乒乓球、傳統遊戲如抓小布袋等都是很好的手眼協調練習和遊戲

2. 針對中、英文、數學的學習方法

a. 中文讀寫障礙

（1）加強文字學知識，如部首、文字結構（如象形字、形聲字）讓學生明白中文字的源流、演變、結構，有助認讀文字

（2）加強文字意識，運用兒歌、童詩等背誦簡單常用詞彙和句式

（3）加強詞素意識：中文詞彙由單字組成，詞素是語言最小意義單位，包含基本字、詞首和詞尾等文字。例如「學」字可以構成「學習」、「學生」、「學校」、「小學」、「勤學」等詞彙，學童若建立及掌握不同單字及結構，可以幫助認讀和掌握詞彙

(4) 善用學習工具：運用圖卡、詞卡，輔以遊戲，增加詞
彙量；運用網上詞彙學習工具，多聽多看

中文學障患者的另一常見困難是能認讀但無法默寫，造成
默書、答問題時錯字連連，或沒有足夠和適當文字來表達想
法。這類學生的問題在於默寫文字時缺乏系統，每次都以不同
方法來寫字。對於一些複雜筆劃的字如「鬱」字，學生就難以
牢記每一筆劃及默寫出來。以下方法可協助學生建立有系統的
默寫中文字的過程，共三步：

(1) 第一步：筆順法

筆順對寫中文字非常重要，能讓學生知道由哪一筆開
始寫，有助學生記住整個字的寫法。正確筆順是：
「先上後下」、「先左後右」、「先橫後直」、「先撇後
捺」、「先外後內」、「先進去，後關門」。筆順牢記後，
每次學童寫字都必須按照這規則，直至完全熟習。

(2) 第二步：認識字的結構

漢字外型的基本結構有：

- 左右結構，如：供、到、江、楊

- 上下結構，如：分、忠、花、家

- 內外結構，如：因、回、國、困

由此三大類再衍生出其他結構：

- 左中右結構，如：衛、街、辦

- 上中下結構，如：高、意、裹

- 品字結構，如：晶、森、淼

半包圍結構分為三面包圍：

- 上包圍，如：開、風、向、岡

- 下包圍，如：山、函、幽

- 左包圍，如：區、匪、賣、匹

或兩面包圍：

- 左上包圍，如：康、痴、房、戶

- 左下包圍，如：這、廷、起、旭

- 右上包圍，如：可、司、勺、氣

認識字的結構，對如何拆字很重要。

（3）第三步：部件及拆字法

部件與部首不同，部件是構成漢字的小單元，例如：
「意」，即有「立」、「曰」、「心」三個部件（每一部件可
以再分拆）。漢字部件約有 560 個，其中常用的約有
一百多個。學生掌握了這些部件，便可以部件來拆
字。步驟是：

- 先觀察字型結構，是左右還是上下結構？

- 運用筆順原則，先左後右、先上後下地進行部件
  拆字，例如：「聽」字可以拆成「耳」、「王」、「十」
  （其實不是十，因中間不是直線）、「四」、「一」、
  「心」，學生按這順序拆字和合併至熟習。部件不
  必過細，也有些部件可合併，以避免太瑣碎而增
  加認知上的負擔，反而記不住或產生混淆。

有一點須特別注意，部件拆字法主要用於默寫，目的是協助學障兒童建立有系統和規則方法默寫漢字，對於認讀字詞幫助有限，故不宜使用市面上的漢字拼圖教具來學習中文字詞，因為這些教具的拆字法大多著重遊戲性質，缺乏規律，反而令學生無法掌握漢字結構，也無法建立有效的有系統的默寫策略。

案例

康宏，小　　，患有讀寫障礙。學校每兩星期一次中文默書，範圍是一頁課文，約300字。康宏能認讀全篇課文，但對於默寫感到困難。例如，藝術的「藝」字，他會經常漏了其中一個部份，如「云」部。

康宏之後學習先觀察「藝」字結構，分成上、中、下三部，中間部又分左、右，再分拆每部分的部件，按「先上後下」、「先左後右」原則，分成：「十十」、「土」、「八」、「土」、「丸」、「云」，然後唸幾遍至熟習後，在紙上默寫下來。

如此下來，康宏逐漸建立了默寫文字的方法，默書成績由60多分升至90分，信心增強，詞彙量大增，作文也容易多了。

b. 英文讀寫障礙

語音意識（phonological awareness）已被廣泛證實能較準確地預測英文單字的讀音，與閱讀單字能力成正相關。語音意識缺失可能會導致英語閱讀困難。故協助英文讀障學生，可從語音辨識着手：

（1）首先確定學生掌握了26個英文字的大、小楷，可以字卡、泥膠造字等方式協助學習

（2）學習拼音，運用不同拼音法協助學生掌握音素，如「a」、「e」、「t」、「th」等發音

（3）掌握音素後，可以進行拼讀（blending），即是將例如「c-a-t」三個音拼為一個詞「cat」的讀法

（4）七成英文字可用拼音法學習，其餘三成如「he」、「she」，便須以「記憶」法認讀

（5）處理好拼音後，學障兒童能看字讀音，提升他們的英文閱讀能力

案例

陳老師是位小四班別的班主任。她的班上有五位學生評為有「特殊學習障礙」，但需要各有不同。也有幾位學生沒有評估報告，但兩科語文成績都欠佳。為提升這些孩子對語文的興趣，陳老師運用了多元感官策略，以圖卡、影片、動作、歌曲來幫助學生理解和記憶文字，應用了一些應用程式和遊戲來吸引學生反覆練習，同時也請家長配合，陪伴學生在家多做多練。

c.　數學障礙

　　運用直接教學及範例教學法（worked example），幫助學生明白數學解題的步驟。直接教學法是由教師主導的一種教學模式，強調明確目標和規定的學習任務，將任務分拆成若干學習步驟，逐步處理至完成。範例教學即是提供實用例子作為示範，其方法如下：

（1）決定重點學習內容

（2）將學習分成小步驟

（3）每步驟需有清楚實例展示

（4）重複學習以增強學習能力

（5）提供摘要並檢查學習過程和目標

學習目標：正方形的特性

正方形的特性：四條邊相等、四個角相等（直角）、兩組對邊相等、兩組對邊平行、兩組對角相等

　　將每特性拆成一個小步驟，逐一教導，務必要求學生完全明白每一步驟：

1. 教學時輔以圖形

2. 着學生動手量度每條邊、每個角

3. 以例子及圖片展示直角的定義

4. 以例子展示大小不同的正方形

5. 練習：在工作紙上印各類四邊形，然後請學生指出哪一種是正方形，以及說出正方形的特性

相關資源

評估機構

特殊學習障礙，可由教育心理學家及臨床心理學家運用適當的評估工具進行評估。如孩子有書寫困難，如字跡難辨認、執筆過於用力，則可由職業治療師評估其困難。一般而言，孩子在入讀小學後可進行正式評估，學前階段兒童、老師和家長可留意孩子的一些特徵，如喜歡聽故事但不喜歡閱讀書本、較難認讀常用字詞等，可儘早協助。

　　香港的教育心理學家、臨床心理學家及職業治療師資格，大多任職社福機構，也有私人執業，可參看本書附錄B及C部。

　　教育局在全港推行的「及早識別和輔導有學習困難的小一學生」計劃，能有效辨識有困難學生，資料可參看計劃的網頁（https://sense.edb.gov.hk/tc/integrated-education/principles/early-intervention/eii-programme-resources/index.html）。

治療和訓練

經「及早識別和輔導有學習困難的小一學生」計劃辨識的學障生，教育局會按情況提供資源給就讀學校，支援學生。如孩子經其他途徑正式評估，可與就讀學校老師討論，本書附錄B部提供了一些培訓機構的名單。

學習資源和教材

「喜閱寫意：賽馬會讀寫支援計劃」資助多間大學及機構，出版了多個識別工具及教學手冊，包括：

1. 學前兒童方面：協康會。《聽説讀寫小寶盒 —— 幼兒語文學習教材套》加強版。香港賽馬會慈善信託基金，2014年。https://www.heephong.org/f/publications/872/teacherOP_logo.pdf。

2. 小學生方面：特殊學習困難教育專業發展小組。《語文童步 —— 初小語文學習教材套》。香港中文大學教育學院教育心理學系，2015年。https://www.fed.cuhk.edu.hk/~tdspld/content/publication.html。

3. 家長方面：香港特殊學習困難研究小組。《香港初小中文分層支援教學模式：讀寫課程》。2016年。https://hksld.eduhk.hk/%E4%B0%C0%D%EC0%EC0%EC0%89%EL5%88D%88。

4. 香港耀能協會。《《學前語文必殺》流動應用程式實境遊戲卜》。2013年。https://www.sahk1963.org.hk/b5_shopping_3_detail.php?id=MzE=。

英文學習困難方面，語音覺識訓練能幫助學障兒童提升識字能力。外國語音課程有很多，其中一些獲英國教育部經嚴格檢核認證，讀者可到網站查看這些課程機構名單（https://www.gov.uk/government/publications/choosing-a-phonics-teaching-programme/list-of-phonics-teaching-programmes），再到機構網站瀏覽，能找到很多非常有用資源，包括語音學習策略、閱讀方法等。

參考網站

共融資料館。〈特殊學習困難／讀寫困難〉。香港教育城，2024年。https://www.hkedcity.net/sen/spld/basic。

協康會。〈《喜閱寫意：「支援讀寫障礙學童」家長教育手冊》光碟〉。2024年。https://www.heephong.org/tools-and-resources/publications/child-development/846。

香港特殊學習困難研究小組。2021年。https://hksld.eduhk.hk。

香港特殊學習障礙協會。2024年。https://asld.org.hk。

香港衛生署兒童體能智力測驗服務。〈讀寫障礙〉。香港特別行政區政府，2023年11月2日。https://www.dhcas.gov.hk/tc/dyslexia.html。

喜閱寫意：賽馬會讀寫支援計劃。香港賽馬會慈善信託基金，2010年。https://www.psychology.hku.hk/rwjclsn/index.html。

喜閱寫意：賽馬會讀寫支援計劃（2006–2015）。〈資源庫〉。香港賽馬會慈善信託基金，年分不詳。https://www.fed.cuhk.edu.hk/~jcrw/prj_resources.html#1。

融合教育及特殊教育資訊網站。〈特殊學習困難〉。香港特別行政區政府教育局，2021年8月27日。https://sense.edb.gov.hk/tc/types-of-special-educational-needs/specific-learning-difficulties/。

British Dyslexia Association. n.d. https://www.bdadyslexia.org.uk.

International Dyslexia Association. 2024. https://dyslexiaida.org.

參考書目

American Psychiatric Association. *Diagnostic and Statistical Manual of Mental Disorders: DSM-5-TR.* American Psychiatric Association Publishing, 2022, pp. 76–84.

智能障礙 04

苑莉是名中一女生，出生時所有健康指數正常，但隨着年齡漸長，她的情況有點落後於發展指標，特別是語言溝通能力及大小肌肉運用都不合格，之後確診為有輕度智障，需要接受特殊教育訓練，但一直在主流普通學校上課。現在她能夠自理，按老師指令進行活動和學習，也能以完整簡單句子回答一些事實性問題，但就較難說明事情「為何」和「如何」發生。學習方面，學校已按她的情況作大幅調整，例如中文科的工作紙，她可以圖畫、符號代替部分文字。

苑莉很喜歡畫畫，媽媽也帶她上繪畫課，她學得較慢，但多次練習下，都能掌握基本技巧。苑莉很隨和，學校裏也有朋友，整體上她的學校生活是愉快的。只是媽媽擔心她的將來和出路。

欣澄剛入讀小一。她的語言能力較弱,未能按照老師指示進行活動。因應她的情況,老師已將口頭指示簡化,同時以較慢的語速說話,但欣澄大部分時間都像沒在聽,需要老師站在她面前,重覆指着實物,例如手冊,她才能按要求進行簡單活動。

在課堂的前15分鐘,欣澄似乎還能安靜,雖然她沒打開課本,也沒有做工作紙,若老師播放動畫或影片,她也會抬頭看看。但15分鐘後,她就會坐不住,會蹲在鄰桌的椅子旁,用筆捲動課本,有時也會伏在桌上玩手指。

苑莉和欣澄都患有智能障礙(Intellectual Disability, ID;或英國會稱為General Learning Disability),她們最大的困難是如何在社會適應和生活。智力發展障礙是一組起源於發育時期、由多個原因造成的病症,其特徵是在標準化、單獨進行的測試中,患者的智力和社會生活適應行為的表現明顯低於同齡人的平均水平。如果患者無法進行適當的標準化測試,則需要以行為和成長指標作為臨床評估判斷,各地政府醫療部門均有這類成長發展指標作為幼兒檢測工具。

　　智力發展障礙通常在幼兒期表現出來，且延續其一生，他們在各個發展階段和生命的過渡期，需要的社會支持會有不同。由於個體的特定疾病，障礙會隨着年齡增長而有所變化，其功能衰退或改善的情況也會交替出現。要注意的是，患者的智力和社會適應行為在整個生命週期中可能會有很大改變，故單一評估的結果，特別是在兒童早期測量的結果，對日後發展的預測力有限，患者會因後來的醫療干預和支持，而影響其發展水平。

　　患有智力發展障礙的人通常在一生中都需要特殊的協助，儘管所需的支持類型和強度會隨着時間和需要而調節，年齡、發展、環境因素和生活狀況都會影響支持的方式。大多數患有智力發展障礙的人，會隨着個體成長而逐漸獲得某些技能和能力。社會和家庭提供介入和支持（包括教育）有助於加速這一進程，如果兒童在年幼期，身體各個機能在發育階段得到訓練，在成年期所需的支持量可以降低，從而較能適應社會及獨立生活。

　　對於有整體發展遲緩（global developmental delay, GDD）的5歲以下的兒童，他們可能因年齡太小而無法進行標準化測試，但若其智力功能如認知、語言等未能達到預期的發展指標，這類兒童便需要在一段時間後重新評估。

發生率

智能障礙在總人口中約佔1%，患病率因年齡而異。嚴重智障的發病率約為千分之六。

發病的年齡及特徵取決於腦功能障礙的病因，動作發展遲緩、語言和社會性適應能力嚴重程度等。智能障礙較嚴重的患者，可以在出生的頭兩年已被辨識，而輕度智能障礙則可能要到學齡期，因在學術學習上有困難才被辨識出來。

症狀和診斷

1. 障礙類別

智能障礙是一種在成長發展過程出現的障礙，患者在智力和社會適應性功能有缺陷：

a. 智力功能缺陷

患者的推理、解決問題、計劃、抽象思考、判斷、學術學習，以及從經驗中將知識類化（例如學會了加減法，就能在不同情境下運用加減法來運算）的能力不足，並在個人化、標準化的智力測驗的分數達智障標準。

b. 適應性功能缺陷

患者難以獨立生活、進行合符社會需求的活動。如果沒有持續的支持，適應性缺陷會損害患者在日常生活中一項或多項活動的功能，例如家庭、學校、工作和社區中難以與人溝通、進行社區活動和獨立生活。

2. 智障診斷和症狀

a. 基本（必須）特徵

患者在推理、工作記憶、資料處理速度和語言理解等各領域的能力顯著有限，但每名患者在各個領域的受影響程度各異。雖然DSM-5及其他診斷準則已不將智力測驗分數列作評估準則，但仍可使用標準化智力功能測驗來衡量其表現作參考，其分數比平均值低約兩個或更多標準差便屬於智能障礙（以智商分數為例，100分為正常分數，15分為一個標準差，二個標準差是30分）。而在無法進行標準化測試的情況下，智力評估需要更多臨床判斷，及功能行為指標來檢測。

對智能發展障礙的診斷，不能單用智商（IQ）的測量來區分障礙程度，因為智商分數可能會因使用時的技術、測驗條件和各種其他變數而有所不同，在個人的發展和生命歷程中也會有很大差異。換句話說，對智力發展障礙嚴重程度的診斷不應僅根據智商分數來決定，還必須包括適應性行為的全面評估。

適應性行為（adaptive functioning）是指人們在日常生活中學習和實踐必須的技能，智力發展障礙的患者可能會有顯著的局限。行為包括：

(1) 概念技能：知識應用，例如閱讀、寫作、計算、解決問題和做出決策

(2) 溝通技能：社交技能，包括處理人際互動和關係，社會責任、遵守規則和法律，以及避免受傷害的能力

(3) 實用技能：涉及自我照顧、健康和安全、職業技能、娛樂、金錢使用、使用交通工具及家用電器和技術設備等。對適應性功能的期望可能會隨着年齡和環境需求而改變，須透過具效度、標準化的適應性行為測試來衡量患者的表現

至於症狀的嚴重程度，分為輕度、中等、重度。程度的區分是以所需支持的強度，即是由個人能夠過正常和獨立的生活所需的支持類型和強度而決定，而不是根據缺陷來定義障礙的嚴重程度。

b. 早期症狀

與同齡人相比，患者的運動技能、語言技能和生活自理技能（如吃飯、穿衣、上廁所）缺乏或發展緩慢，尤其是：

(1) 智力無法隨年齡增長而發展，或持續像嬰兒一樣的行為

- 比其他孩子較遲才會學懂坐下、爬行或走路
- 遲學懂說話，或者說話有困難

- 很難記着事情
- 難以理解社會規則
- 難以看見自己行為的結果
- 無法解決問題

（2）缺乏好奇心

（3）跟不上學校的學習進度

（4）適應新環境有困難

c. **可能與智能障礙一起出現的障礙**

（1）言語發展和溝通障礙

（2）自閉症譜系障礙

（3）發展性學習障礙

（4）發展性運動協調障礙

（5）AD/HD

（6）其他精神和行為障礙

（7）感覺障礙

（8）社會心理缺損

（9）神經退化性疾病

（10）繼發性神經發育綜合症

成因

先天性的智能障礙與遺傳綜合症有關，兒童可能會出現明顯的身體特徵（例如唐氏綜合症）。遺傳性疾病（例如萊希－尼亨症候群〔Lesch-Nyhan Syndrome, LNS〕）也有明顯的外貌表徵，如面部異態、先天性畸形、小頭或大頭畸形、體重過輕、肌張力低下、身體生長遲緩、代謝問題，這些情況在生命的最初幾天和幾個月內表現出來。但輕度的智能障礙，則在學齡期才會較明顯。

在後天性成因中，疾病和受傷是主要原因。兒童患了腦膜炎、腦炎或頭部外傷等疾病後，可能突然出現智能障礙。若受到嚴重的創傷性腦損傷，兒童也會喪失先前獲得的認知技能而出現智能障礙。

困難和需要

患者可能會有以下的問題：

1. 認知能力

a. 思考過程僵化、缺乏彈性，不會按環境而變通

b. 欠缺系統分析能力，難以對物件進行有序的分類

c. 言語障礙、詞彙量少，阻礙了口語表達

d. 難以確定物件的屬性和相似性

e. 只能死記一些學科內容，但不理解概念

f. 缺乏動機

g. 缺乏分析能力

h. 缺乏策略和計劃能力

i. 有時能明白一些細節，但就無法整合所有內容

2. 生活能力

a. 日常社交生活：難以判斷社會行為是否恰當，不清楚常規的社會要求；不能評估生活上的風險；行為、情緒或人際關係的自我管理較弱；在學校或工作環境中缺乏動機

b. 缺乏溝通技巧：無法以適當的方法表達自己，可能會因而做出破壞性和攻擊性行為。容易上當受騙往往是一個特徵，包括在社交場合無法估計他人想法，輕信他人和缺乏風險意識可能會被人利用

c. 容易被傷害、詐欺，或無意中參與了某些不良活動，以及有較高受虐的風險

d. 由於缺乏風險和危險意識，意外受傷害的可能性會增加

e. 較弱的學習能力使得他們無法完成主流課程、進修較高的課程或取得各類工作資歷，影響其生涯發展

f. 缺乏工作能力，患者大多只能從事勞動或較簡單的工作

為了提升孩子的生活適應力，幾位特殊學校的家長為他們患中度智障的9至10歲孩子設計了一次特訓：教導孩子如何乘搭港鐵。家長們先陪同孩子由九龍塘乘地鐵到黃大仙站。途中，家長們耐心地示範如何拍八達通卡入站、如何數車站下車、如何出站等，又讓孩子們練習數次。熟練後，一位家長送孩子入九龍塘站，幾位家長在黃大仙站外等，估計孩子應在15分鐘內到達。誰知家長們等了20多分鐘，還未見孩子出來，立即進站查看，原來是先前計劃出站的閘門擠擁，族了們不懂處理，站在閘門內發呆。家長們見了既心痛，也思考如何訓練孩子的生活應變能力。

支持和教導

智能障礙的治療通常分為三大類：

1. 解決或減輕智能障礙的病理的治療，例如針對X染色體脆折症（Fragile X Syndrome, FXS）兒童行為障礙的針對性藥物治療

2. 以改善患者的功能和生活技能為目的的身心障礙治療、言語治療、職業治療、物理治療、社交溝通訓練都有助改善智障兒童的學習和生活技能，兒童若能越早訓練，情況改善越明顯

3. 早期行為和認知介入、特殊教育、復健訓練和社會心理支持

a. 行為訓練

行為介入和訓練是幫助智能障礙患者的重要方法,可以透過幾種不同的方式進行。行為訓練旨在鼓勵積極的行為,同時阻止不良行為。重點在於理想目標行為出現之後,安排立即有鼓勵性或限制性的後果,使該理想行為持續出現。方法有:

(1) 增強和獎勵正向行為,對不良行為設定限制。例如,只能在座位上進行活動以避免經常離座和干擾他人

(2) 避免負面行為的觸發因素和不當行為。例如,安排兒童坐在老師能立即照顧到的位置

b. 教育

教育是支援智能障礙兒童的重要組成部分。適當安排的特殊教育課程能為患者改善學術能力,以及協助患者由兒童到成年的生涯規劃,教育重點是促進患者的自我照顧能力,例如:培訓其尋求幫助的技能、職業技能、溝通技能、功能性生活技能(functional skills,如聽說讀寫的能力)和社交技能。

案例

啟程出生時被診斷有嚴重智障,一直在特殊學校受訓練和學習。學校為啟程提供多項治療和服務,進步明顯,但和同齡人仍有一段距離。比較麻煩的是他的情緒,一發不可收拾。啟程現時15歲,學校已安排了一些職業導向的訓練,如洗衣工場、食堂工作等。家長也很積極訓練啟程日常生活自理,如搭地鐵、購物,也安排他到社福機構參與義工活動。因在完成中六後便須畢業離校,啟程要學習獨立生活。

學校是教育智能障礙學生的主要場所，可為智障兒童創造限制最少的環境，儘可能地安置他們在普通教室，與一般學生一起學習。

然而，僅透過課堂環境進行教育是不夠的，家庭的配合非常重要。智障學生可能需要學校以外的治療和幫助，例如需要額外訓練社交技能的學生可以參加社交訓練項目。

儘管學習環境存在困難，智能障礙學生仍然有能力獲取和使用新資訊。適當的教學策略可以幫助智障學生融入主流課程，

(1) 在課程開始之前，提供將要教授的課程內容大綱、重要的關鍵概念和學習要點清單，以便學生儘早開始預習

(2) 設計個人化學習清單並提供指導

(3) 老師/成年人給予指示時，應以口頭和書面形式解釋，確保使用了清晰、簡潔、直接的語言。老師應儘可能使用口頭描述來補充黑板或電腦上呈現的材料，學生可能會更能從口頭回饋而不是書面回饋中受益

(4) 學生可以使用輔助科技，例如學習軟件；老師也可運用科技重複或突出關鍵內容和説明

(5) 老師可透過使用現實生活中的例子和環境來強化學習

(6) 採用多樣化的教學方法，例如影片、影像、圖畫等，學生不再局限於僅透過閱讀/課文來獲取資訊

（7）使用視聽材料如錄音，學生能夠多次溫習教學內容，
　　將更能正確遵循課室的教學流程

（8）使用顏色來突出教學材料的重點

（9）安排一對一的科目輔導，例如同儕輔導

（10）對於智能障礙的學生來說，安排個人特定座位可能會
　　有所幫助，減少其焦慮

　　智障學生也有強項，例如運動、音樂，老師應積極發掘學
生的優點，配合適當的訓練，讓他們發展個人生涯、學習獨立
生活。

案
例

> 凱倫自小被查出有中度智能障礙。經多方考慮，家長仍然
> 決定安排凱倫入讀主流小學。每星期，學校的特殊教育老
> 師會將未來一星期的學習內容預先告知家長，讓家長在家
> 為凱倫預習。但主流小一學習內容對凱倫而言過於艱深，
> 學校於是為她另設學習目標，例如一篇課文有20個目標詞
> 彙，凱倫掌握五個便可。做詞語解釋練習時，凱倫可用圖
> 畫代替文字。為令凱倫參與課堂學習，老師將座位安置在
> 前排，以便照顧。家長亦很配合，在家溫習之餘，亦自製
> 一些工作紙，讓凱倫不斷練習，目標不是能達到全班的標
> 準，而是保持上課時的學習動機和興趣。

相關資源

評估機構

各地政府都會為新生兒進行健康檢查，較嚴重的智能障礙和疾病都能經早期辨識和介入治療。輕度智障則可經轉介到香港衛生署兒童體能智力測驗中心接受評估（https://www.dhcas.gov.hk/tc/）。

訓練和治療

一般而言，教育局會根據孩子的智能障礙程度，建議家長為孩子選讀特殊學校或主流學校。特殊學校人手編制較充足，能提供較全面支援；主流學校則能讓孩子有較多機會接觸一般學生。選校前，家長須多徵詢專業人員如社工、教育心理學家或醫生的意見，他們會有一些來自其他家長的選校訊息。家長亦可到校參觀，多和老師溝通，了解學校的支援方法，最重要是考慮學校的氛圍和老師對孩子的接納程度。

家長亦可因孩子的語言、溝通、社交、大小肌能等情況，帶孩子到言語治療師、職業治療師等接受訓練。詳請可參考附錄 B 部。

家長大多較著重孩子的認知能力訓練，但體能、情緒等發展也很重要，多和孩子外出遊玩，接觸大自然，或者也能從中發現孩子的能力，發揮所長。適當的體能活動訓練，如大小肌肉活動、前庭感（前額）訓練，對智能障礙孩子也有幫助。

「香港賽馬會社區資助計劃──共融藝術計劃」定期舉辦活動，家長可讓孩子參與。

職訓局展亮技能發展中心亦專為 15 歲或以上殘疾人士提供職業訓練，以協助他們就業，課程可瀏覽：https://www.shine.edu.hk/tc/curriculum/part-time-course。

學習資源和教材

教育局資助製作了多個智障學生的教學教材套，可到網站下載閱讀：

1. 香港大學教育學院、香港紅十字會瑪嘉烈戴麟趾學校。〈支援有特殊學習需要學童持續學習（智齡三歲至六歲）活動教材〉。共融資料館，2021年5月14日。https://www.hkedcity.net/sen/id/subject/page_6098923a316e83fb223c9869#:~:text=為支援智齡三,運動、語言、音樂等%E3%80%82。

2. 陳彥慧。〈智障學生的學習差異（一）分班及教學調適〉。共融資料館，2013年7月8日。https://www.hkedcity.net/sen/id/basic/page_5159637125b719f65d1f0000。

參考網站

共融資料館。〈智力障礙〉。香港教育城，2024年。https://www.hkedcity.net/sen/id/basic。

香港衛生署兒童體能智力測驗服務。〈智力障礙〉。香港特別行政區政府，2023年11月10日。https://www.dhcas.gov.hk/tc/intellectual_disability.html。

融合教育及特殊教育資訊網站。〈智力障礙〉。香港特別行政區政府教育局，2021年8月27日。https://sense.edb.gov.hk/tc/types-of-special-educational-needs/intellectual-disability/。

American Association on Intellectual and Developmental Disabilities. 2024. https://www.aaidd.org.

National Center on Birth Defects and Developmental Disabilities, and Centers for Disease Control and Prevention. "Facts About Intellectual Disability." May 10, 2022. https://www.cdc.gov/ncbddd/developmentaldisabilities/facts-about-intellectual-disability.html.

參考書目

American Psychiatric Association. *Diagnostic and Statistical Manual of Mental Disorders: DSM-5-TR*. American Psychiatric Association Publishing, 2022, pp. 37–65.

World Health Organization. "6A00 Disorders of Intellectual Development." In *ICD-11 for Mortality and Morbidity Statistics*, 6A00. World Health Organization, 2024. https://icd.who.int/browse/2024-01/mms/en#605267007.

展程，4歲半，幼稚園 K1 學生。展程比同班同學稍為年長，之前讀另一幼稚園，那時老師告訴媽媽，展程不太明白指令，說話表達能力弱，建議他多讀一年 K1。媽媽認為是展程不適應這間學校所致，於是轉了校。

然而，展程的說話能力沒有因轉校而改善，仍然結巴，如會把「我想和你玩」說成「想……玩……你……」，同學都不明白他想說什麼，沒理睬他。有時他越說越焦急，會伸手搶同學的玩具，同學不肯，於是幾個孩子推撞起來。有次他看到一群小朋友在玩火車，咿呀了幾句，同學沒理會，他就擠進去，把火車撞倒，同學大哭，展程也哭，亂作一團。上課時，老師提問，展程總是說不出答案，或只說：「這……是……」，同學們見他努力發聲的樣子，便學他說話，展程很不高興，動手打人。家長們投訴，也跟小孩說：「展程不乖，不要和他玩。」

9歲的家弘很沉靜，體育課、小息活動都是站在一旁觀看，很少參與。同學們都知道家弘不愛說話，初時會邀請他一起玩，但家弘總是搖頭，後來同學不再邀請他，由他站在一旁。家弘其實也很想參與，但怕自己說話不流利，被人笑話。記得小一時，有次嘉年華會有個攤位遊戲，參賽者要於限時一分鐘內說一段急口令就可獲獎。家弘很想要獎品，於是也參加，但一分鐘內，縱使他用盡力，還是只能說：「一蚊……」一分鐘後，負責攤位的人說：「講不了，沒獎品！」他一時激動，大哭起來，站在旁的一位姨姨說：「好端端的哭什麼？不會說話就不要玩啦，丟人！」家弘很委屈，之後，他情願在旁觀看，也不參與活動。

展程和家弘都有言語障礙（Speech and Language Impairment, SLI），但他們對說話困難的反應各異，展程表現外顯，會以反擊行為表達不滿，家弘內斂，選擇不說話、不社交來減少傷害。

　　語言是一組由符號構成的系統，口語是聲音符號，文字則是圖像符號。語言溝通包括視、聽、說等多個感官的協調，也包含理解、互動、概念形成等能力。（有關文字溝通能力，請參閱第3章〈特殊學習障礙〉，本章集中討論口語溝通能力障礙。）

　　口語表達是否清楚，和音量、音調、韻律是否適當有關，也涉及口語符號的運用。語音是口語聲音的基本單位，是人用發音器官如喉、舌、唇等發出在特定社會文化具有意義的聲音。語法是指語言的結構，即把片語（即由一群相關但不具有「主詞－動詞」關係的字所組成的文法性質，如「在外邊」、「彈鋼琴」）組成一句有意義句子的規律，如「我吃完晚飯」。語意指語言的意義，包括字、詞和句子在相應文化環境下所表達的意義。語用則指在不同社會情境中使用語言的原則。以上語音、語法、語意、語用任何一個環節出問題都會影響溝通的效能。

　　言語障礙指無法或難以有效地理解與表達語言符號與規則，患者在言語運用上未能達到預期的一般人水平。口語溝通障礙的常見問題包括理解言語或運用言語的困難，例如失語症、口吃、發音問題、聲調異常等。

發生率

　　據估計，每12名3至17歲美國兒童中，約8%患有與聲音、言語相關的疾病，男孩比女孩為多。香港的研究指出，香港患有發展性言語障礙的學齡兒童約為5%。

症狀及診斷

言語障礙可分為兩大類型：

1.　發展性言語障礙，亦稱為特殊言語障礙，患者的語言
　　能力顯著比一般同齡兒童弱，而此障礙並非因為身體
　　疾病、大腦神經受損傷、智障、聽障、情緒或環境因
　　素所造成。發展性言語障礙是其中一種最常見的兒童
　　發展障礙，兒童可能同時會出現閱讀或學習問題。

2.　言語障礙經常與其他障礙同時出現，如聽力障礙、智
　　力發展障礙、自閉症譜系障礙及神經系統相關疾病，
　　故診斷言語障礙時須同時考慮患者的其他情況。

　　言語的學習和使用取決於對言語的表達和接受的能力，前
者指發出聲音、做手勢或傳達言語訊號，後者則指接收和理解
語言信息的過程。言語能力障礙包括言語習得和使用的困難，
需要從表達和接受兩方面進行評估，因為患者在這兩方面的嚴
重程度可能會有不同。

1.　常見症狀

a.　兒童期説話流利障礙（口吃）

　　即言語的正常流暢度和時間障礙，會頻繁且顯著地出現以
下一種（或多種）的聲音特徵，在焦慮、緊張時情況會特別明顯：

（1）重複聲音和音節

（2）延長子音和母音

（3）斷詞，例如單字內停頓

（4）有聲或無聲阻塞（語音中有填滿或未填滿的停頓）

（5）替換單字以避免發音有困難的單字

（6）單音節全詞重複，例如「我－我－我－我看到他」

b.　社交（語用）溝通障礙

（1）缺乏用於適合社會背景的溝通和社交的言語能力，例
如日常問候和交流

（2）缺乏隨環境而改變溝通方式的能力，例如分辨不了在
課堂上與在遊樂場時的説話方式

（3）難以依循人際對話和説故事的規則，例如在對話中輪
流等對方説話、被誤解時改變用詞和表達方式、如何
使用言語和非言語方法如身體語言來調節與他人的
互動

（4）難以理解未明確説明的內容，以及語言的非字面意義
或隱含意義，例如當説話者以不同音調説出同一句
「你真好！」時，有時是真心讚美，有時卻是反話嘲
諷，但患者可能無法分辨出來

2. 早期症狀

a. 幼兒期第一次使用單字和短語的年齡比同齡兒童遲

b. 詞彙使用量比同齡人少，變化也少

c. 句子較短且語法錯誤

d. 用詞過於空泛，常運用含糊的字眼去描述人物、時間和地點，如「他們吃了可以吃的」、「我想去那兒玩」

e. 語言理解上有缺陷，理解同義詞、多重意義或適合其年齡和文化的文字有困難

f. 有時會混淆外形或功能相似的物件，如將「鐘」稱作「錶」

g. 記新單字和句子時有以下困難：

(1) 對記憶較長或較複雜的口頭信息或指令有困難，例如，記不住要去某特定地方處理的兩、三件事情（如，難以記住「到休息室找姑娘，告訴她……」）

(2) 難以記住新奇的聲音

(3) 難以運用適當的形容詞來説明事件的時序、經過，敍事過分簡單，未能清楚交代事情和為關鍵事件提供充分資訊，例如時間、地點、人物，以及事件的起因、經過和結果

3. 診斷準則

　　言語障礙有一系列專業的言語評估準則，言語治療師會了解患者的病歷、家庭背景等，然後運用標準測試工具以了解兒童語障的程度。準則一般是孩子的語言能力遠低於該年齡預期水平，以及嚴重影響學業成績、有效溝通或社交。以下是香港言語治療師協會建議的語言發展里程碑：

a.　1至2歲

　　(1) 能説出常用詞彙，例如「媽媽」、「杯」

　　(2) 能跟從簡單的口頭指示，例如「畀媽媽」

b.　2至3歲

　　(1) 能理解簡單指令及簡單問題

　　(2) 能組合詞彙，例如「食包」、「玩車」

　　(3) 開始會問簡單問題

c.　3至4歲

　　(1) 能説出完整的句子，例如「我食餅」

　　(2) 能簡單説出日常發生的事情

　　(3) 能理解複雜指令

d.　4至5歲

　　(1) 能較詳細複述已發生的事情

　　(2) 能發問較複雜問題，例如「點解？」

　　(3) 能理解簡單的故事

e. 5至6歲
　　（1）開始明白笑話和懂得猜謎語
　　（2）能有條理地複述簡單故事
　　（3）運用語言作抽象的思維活動

　　言語障礙通常會影響詞彙和文法，而這些影響會限制與人溝通的能力。

成因

1. 發展性言語障礙／特殊言語障礙

　　兒童的語言能力低於同齡水平，是由於大腦負責語言的系統出現問題，也有研究指出是與遺傳基因有關。發展性言語障礙患者的家族成員同有此障礙的可能亦較大。

2. 腦部功能不良

　　大腦麻痺的患者因口部和臉部肌肉協調能力欠佳，引致發音方面的困難。由腦部功能失調引致的言語障礙比較難以痊癒，接受言語治療後亦難以完全康復。

3. 聽覺不健全

先天失聰的患者因為聽不見自己的聲音，難以辨認發音是否正確，在控制聲量和發音方面出現困難。聽覺障礙的患者也因聽不到某些頻率的聲音，難以掌握發音。若在幼兒期配戴助聽器和接受聽覺訓練後，可以減輕言語障礙，但部分嚴重而難以矯正的聽覺缺陷則會帶來永久的言語障礙，需要手語、唇語或其他科技輔助。

4. 智力／理解能力欠佳，如患有自閉症／智能障礙

語言涉及理解、概念形成的能力，智障兒童在辨認、記憶和模仿方面的能力比較弱，故此在語言學習上會有困難。智能障礙程度越嚴重，語言學習上的困難亦越大。部分自閉症患者則有語言發展遲緩或社交溝通障礙。

5. 心理和情緒問題

部分言語障礙是由心理和情緒問題引起，例如兒童因受驚而突然失去語言能力。受虐、長期受壓、被忽略或遺棄的幼兒，會因心理障礙產生與人溝通的困難。有些家長也會過分關心或緊張子女，對幼兒造成與人溝通的心理壓力。

6. 缺乏適當的語言刺激

　　幼兒若在惡劣的語言環境，例如沒有模仿和學習的對象，即使其生理和智力正常，也有可能比普通幼兒的語言發展遲緩。對某些在雙語家庭成長的兒童，他們也可能因較難順利掌握兩種語言而出現發展遲緩。研究雖未完全支持這一說法，但幼兒教育工作者較常遇到這類幼兒，積極介入及提供語言互動可大大改善此情況。

困難和需要

　　言語障礙患者所遇到的困難常常被低估，有些人認為言語障礙會隨着年齡增長而改善，忽略了語言困難所導致的行為、社交、心理和學習困擾：

1. 因未能理解老師的言語指示而難以全面參與學習活動

2. 學習較為被動，往往要依賴老師動作提示或觀看其他幼兒的舉動才能明白，因此學業成績可能稍遜

3. 未能回應老師的口語問題，因此容易引致情緒及行為問題

4. 言語障礙不等於學習障礙，但兩者有時會發生在同一患者身上

5. 溝通能力欠佳，可能會引致兒童難以融入群體生活，形成被排斥感

6. 從不或甚少用言語來表達自己的需要，有時會用動作表達，造成溝通上的誤會，例如以推撞他人表達不同意

7. 因溝通及言語障礙而害怕與人交往，容易養成孤僻、退縮的性格。因較難與人建立互動關係，社交圈子較小

8. 有研究指出，三分之一有行為情緒困難的兒童會有語障，一半語障兒童會有行為情緒困難。語障兒童比一般兒童有較高風險出現情緒和行為問題

9. 有接收性語障（接受語言能力較弱）的兒童較易有青少年問題及反叛

10. 有表達困難的兒童較多有社會退縮表現

支持和教導

1. 口肌訓練

部分幼兒因口肌能力不佳引致口齒不清，增強口肌能力有助改善發音及說話清晰度。口肌訓練包括：

a. 鼓勵多說話表達需要

b. 提升口肌如舌、唇、顎等的協調

c. 加強口肌部位的移動

d. 提升口肌持久力

e. 增強口肌力量

一些日常活動和遊戲可訓練口肌：

a. 微笑（保持3秒），放鬆並重複相同的動作

b. 微笑然後説「ooooo」、「eeeeeee」

c. 張開卜巴並説「啊啊」（保持3-6秒）

d. 交替説「媽、吧」

e. 交替説「na、da」

f. 扮接吻（呈「豬嘴」狀，維持3-6秒）

g. 對着鏡子扮鬼臉

h. 往嘴唇兩側舔蜂蜜或乳酪

i. 將舌頭伸出嘴外（3-6秒）

j. 嘗試用舌尖接觸鼻子

k. 吹泡泡或氣球

l. 在水面吹棉球或氣泡

2. 提升說話能力

a. 加強兒童詞彙量：例如，兒童在玩遊戲，成年人在旁描述她的活動作示範

b. 以「語言提示」助學新詞：例如，指着牛奶，説「這是牛＿＿」，請幼兒填充內容並重複

c. 延展小孩的話：用句子結構更完整的短句去重覆小孩的話，一般是加長小孩的句子，如孩子只説了「貓貓」，成年人可補充説「這是貓貓」或「這是黃色的貓貓」

d. 豐富小孩句子：在小孩説話後，以配合當時環境的內容作回應，一般是在小孩的説話上多加另一層意思，如孩子説「這是貓貓」，成年人可延伸説「這是貓貓，貓貓在睡覺」

3. 加強口語溝通信心

a. 當孩子想告訴你某件事時，不要幫他説出來，應讓他醞釀思想，待他自己説出來

b. 耐心地聽孩子的表達，並予以鼓勵，用積極的語氣，讚美他每一次的成功

c. 與孩子説話時必須看着他，對他所説的話感興趣，使他喜歡與成年人交談

d. 交談時強調彼此的溝通，不要太頻密矯正發音的錯誤，以免孩子感氣餒而不敢表達

e. 溝通時儘量説些新事物的名稱，且經常重複

f. 不要操之過急，讓孩子按自己步伐練習，太急反會造成壓力，令孩子不敢表達

g. 不要當眾揭示孩子説話的缺陷，或強迫他在大庭廣眾或陌生人面前説話，恐懼挫敗會令孩子更感畏懼

案例

勵俊3歲半，只能發單音，未能說出簡單的三字短句，如「我飲水」。老師經常請勵俊說話，每次他都急得漲紅了臉，但句子像塞在口中，就是說不出來。後來老師用 Clipart 印製了一張男孩拿水杯的圖片來訓練他。但勵俊以為這圖指「拿水杯」，還是說不了。老師換了另一張盛有水的水杯圖片，然後說：「我飲水」，忽然，勵俊也跟着說：「我……飲……水」，發音不正，但總算會開口說話。此後個月，在老師鼓勵和持續訓練下，勵俊已能說「真棒棒」、「唔好喊」等短句。

相關資源

評估機構

兒童言語障礙一般可在幼兒時期不同的成長階段中被檢測出來，家長如有懷疑，可與老師商討，經轉介到香港衛生署兒童體能智力測驗中心進行評估（見本書附錄 B 部）。家長亦可到社福機構或私人執業的語言診療中心，由言語治療師評估孩子的情況，並接受適當治療。家長如能配合治療方案，在家練習，事半功倍。治療師名單可到專業公會網站查核。本書附錄 C 部內有相關資料。

訓練和治療

已確診有語障而納入治療計劃的幼兒，社會福利署會有地區言語治療服務隊（https://www.swd.gov.hk/tc/pubsvc/rehab/cat_serpresch/districtba/）到校訓練幼兒。

部分小學有外聘言語治療師到校，訓練患有語障的學童。一般而言，對於幼兒及初小學童，言語治療較著重口肌訓練、發音、説句子等。高小學生則較多訓練其溝通能力，例如完整敘述事情。

早期介入對改善語障效果極明顯，若家長配合，在家持續訓練至關重要。

學習資源和教材

1. 協康會。《小嘴巴學堂（新版）》。出版年不詳。https://www.heep hong.org/f/publications/268/ 小嘴巴學堂_online-preview.pdf。

    - 內有四十多個相關的親子訓練活動，訓練兒童口肌能力，適合學前至學齡階段兒童

2. 協康會。《童聲童戲（新版）》。出版年不詳。https://www.heep hong.org/f/publications/18363/ 童聲童戲_online-preview.pdf。

    - 內載有協助兒童主動學習、溝通及語言發展活動，適合 0 至 6 歲幼兒

3. 教育局言語及聽覺服務組。〈「詞彙策略輕鬆學　閱讀寫作添歡樂」資源套〉。教學資源庫，2023 年 9 月 6 日。https://resources.hked city.net/resource_detail.php?rid=196232987。

4. 教育局言語及聽覺服務組。〈輕鬆教、輕鬆學 —— 聽説讀寫教學策略資源套〉。共融資料館，2016 年 1 月 7 日。https://www.hked city.net/sen/sli/training/page_516792c225b719067b040000。

5. 教育局言語及聽覺服務組。〈學好理解與表達　與人溝通好輕鬆〉。共融資料館，2022 年 5 月 26 日。https://www.hkedcity.net/ sen/sli/training/page_535f7a02316e83f11e000000。

參考網站

香港言語治療師協會。2024年。https://speechtherapy.org.hk/zh/。

香港衛生署兒童體能智力測驗服務。〈發展性語言障礙〉。香港特別行
政區政府，2023年9月14日。https://www.dhcas.gov.hk/tc/
developmental_language_disorder.html。

融合教育及特殊教育資訊網站。〈言語障礙〉。香港特別行政區政府教
育局，2024年2月27日。https://sense.edb.gov.hk/tc/types-of-
special-educational-needs/speech-and-language-impairment/。

American Speech-Language-Hearing Association. "On the Definition
of Hearing Handicap." 1981. https://www.asha.org/policy/rp1981-
00022/.

Centers for Disease Control and Prevention. "Language Disorders." May
11, 2022. https://www.cdc.gov/ncbddd/developmentaldisabilities/
language-disorders.html.

National Institute on Deafness and Other Communication Disorders.
National Institutes of Health, n.d. https://www.nidcd.nih.gov.

參考書目

American Psychiatric Association. *Diagnostic and Statistical Manual of
Mental Disorders: DSM-5-TR.* American Psychiatric Association
Publishing, 2022, pp. 46–55.

World Health Organization. "6A01.22 Developmental Language
Disorder with Impairment of Mainly Pragmatic Language." In
ICD-11 for Mortality and Morbidity Statistics, 6A01.22. World
Health Organization, 2024. https://icd.who.int/browse/2024-01/
mms/en#854708918.

一、聽覺障礙

> 依麗出生不久就被診斷為中度弱聽。她自小接受言語治療，也有配戴助聽器。現在小四，一般說話溝通沒問題，但當環境太吵時，她會感到不適，學校安排她坐在課室前排位置。她不喜歡配載助聽器，怕同學取笑，但可以靠唇讀大致明白老師的說話。

依麗是聽覺障礙患者，幼年期的治療對她的語言發展很重要。聽覺障礙（Hearing Impairment, HI）指一個人的聽力不如正常的人，可以一隻或兩隻耳朵同時出現障礙。聽障的嚴重程度分為輕度、中度、中度重度、重度或極重度：

1. 輕度聽力損失：可能會聽到一些語音，但很難聽到輕柔的聲音

2. 中度聽力損失：聽另一個人以正常音量說話時有困難

3. 中度重度聽力損失：在正常水平說話時聽不到任何言語，只能聽到一些響亮的聲音

4. 嚴重聽力損失：聽不到任何言語，只能聽到非常大聲的聲音

發生率

美國新生兒聽力損失的平均發生率為每一千名嬰兒有1.1例。兒童和青少年輕度聽力障礙或更嚴重的發生率為 3.1%。

症狀和診斷

醫生會為一般新生兒進行聽力測試，聽障患者的幼兒期症狀有：

1. 言語和溝通發展遲緩

2. 聽錯別人講話和發音錯誤

3. 如果背景噪音太吵，會聽不清發生了什麼事

4. 對電話響鈴沒有反應

5. 因聽聲困難而導致注意力不集中、疲勞和沮喪等問題，影響他們的行為

6. 閱讀和學習困難

7. 將電視的音量提高

8. 將身體、位置移近聲源如電視

成因

　　聽力障礙分為先天性和後天性兩大類。先天性聽力障礙在習得語言之前就已經存在,是由先天性疾病所造成,具一定遺傳性。後天性聽力損失則是在生命過程中的某個時候發生,在出生時並不存在,障礙會在習得語言後發生。這類障礙可能是由疾病、創傷或藥物的副作用引致,例如阻塞、小骨損傷、中耳感染和/或鼓膜穿孔,也可能源自前庭蝸神經(第八腦神經)、內耳或大腦的神經系統問題。

困難和需要

1. 學生如在童年期已有聽障,其詞彙量可能有限,會影響他們的讀寫能力

2. 聽障學生有時較喜歡視覺學習策略,需要透過口語傳遞的環境對他們可能是個挑戰,會影響他們接收學習材料信息

3. 聽障學生可能會在學習環境中顯得孤立,因為他們較難與其他學生進行社交互動,這可能會影響其學習表現,特別是要進行一些需要合作的活動

4. 聽障學生可能因無法聽清快速講話和細微的語音差別而影響學習效能,並限制他們能參與的活動和互動

5. 溝通困難可能會導致一定程度的焦慮，這可能會影響
   課堂參與

支持和教導

治療聽力損失的方式取決於聽力損失的原因及其嚴重程度。

1. 早期介入（0至3歲）

聽力損失會影響孩子發展語言、文字和社交技能的能力。聽力障礙的孩子越早開始獲得服務和訓練，其語言和社交技能就越有可能充分發展。

研究證明，早期介入服務可以極大地改善聽障兒童各方面的發展，嬰兒6個月大就可以開始接受訓練和治療。

2. 科技

許多聽力障礙的人都有一定的聽力，稱為「剩餘聽力」。科技並不能「治癒」聽力損失，但可以幫助聽力損失的兒童充分利用其剩餘聽力。這些科技包括：

a. 助聽器

b. 人工耳蝸或腦幹植入物

c. 骨錨式助聽器

d. 其他輔助器具

3. 語言學習

聽障孩子可以學習特殊技能(如手語)來幫助溝通,這些技能可與助聽器、耳蝸、聽覺植入物及其他幫助兒童聽力的設備一併使用。家人須一起接受訓練,日常練習和運用會大大提升學習成效。

a. 自然手勢/肢體語言

「自然手勢」是人們為幫助他人理解自己表達的信息而採取的行為。例如,如果父母想問幼兒是否想被抱,父母可能會伸出雙臂並問:「抱抱?」

如果嬰兒看到其他人玩積木,他們就會自然地開始使用積木。這種行為不是教出來的,而是自然地從日常觀察學習得到的。

b. 口語

聽障兒童學習說話時通常需要結合使用助聽器、人工耳蝸和其他輔助設備,以最大化地提高剩餘聽力。具有一定剩餘聽力的人若用輔助器如助聽器,可以更好理解他人說話的內容,也可以學習說話與他人交流。

c. **語音閱讀／唇讀**

語音閱讀可以幫助聽障者理解語音，他們透過觀察説話者的嘴巴和臉的動作，理解説話內容。在良好的條件下，例如在光線充足的房間裏，聽障孩子可以看到説話者的臉時，便可以在説話者的嘴唇上清楚看到有些字音，但須留意有些字還是會看不懂。近年已有新科技人工智能作輔助，讀唇準確率大大提高。

有時，與聽障者交談時，人們會誇大嘴巴動作或大聲説話，反而會使唇讀變得非常困難。以正常方式説話並直視聽障者的臉便已能讓他們讀唇。

d. **手語**

手語是一種使用視覺手勢、以手部動作來表達意義的語言，是聽障者或言語功能障礙者的溝通方法。手語並非世界性共通，像口語一樣，據地區的不同而有一套屬於該地區使用的手語字彙、結構和文法。現世界上大約有三百種手語。

4. 課堂支援策略

a. 鼓勵聽障生坐在課室的前面，這樣他們的視線就不會受阻。如果學生需要口譯員、唇讀、依靠視覺線索或使用範圍有限的助聽器，座位安排尤其重要。但注意有些學生可能不想被標籤，須與他們討論安排

b. 減低課室環境背景噪音

c. 若聽障生提問，老師在給出答覆之前，可清楚地重複學生提出的任何問題

d. 不要背向孩子說話，光線充足對唇讀的學生很重要

e. 提供書面資料來補充所有教材

f 透過電子媒體提供教材。對於有聽障的學生來說，新技術，特別是互聯網，可以用來彌補許多課堂聽課的不足

g. 如果可能的話，使用影片或電影作教材都應附上字幕

h. 小組討論時，控制流程至每次只可一人發言，以協助聽障生參與討論

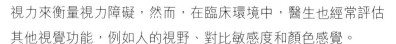

偉恆3歲時，看圖書時要眯着眼睛，老師發現後告知父母帶他驗眼，結果令父母很震驚及傷心，因為醫生告訴他們：偉恆只剩餘20%視力，而且不知道會否繼續退化。現偉恆已配戴特殊眼鏡，這對年幼孩子來說實在很難適應。而且，偉恆要讀特殊學校嗎？主流學校可以提供足夠支援嗎？

偉恆在幼兒期仍能用剩餘視力看世界，到上學時才檢測出視力障礙。當眼睛視覺系統其中一項或多項視覺功能受損，就會出現視力障礙（Visual/Vision Impairment, VI）。一般診斷會以視力來衡量視力障礙，然而，在臨床環境中，醫生也經常評估其他視覺功能，例如人的視野、對比敏感度和顏色感覺。

大多數視力障礙是眼睛的一個或多個結構受損，可能會出現敏銳度下降（所見事物的清晰度）、視野縮小（例如，隧道視野或盲點）、看到顏色或對比度的能力下降、照明和眩光困難，或這些問題的各種組合。

視力障礙包括視力低下（vision loss）和失明（blindness），以其影響日常生活程度區分。失明是指完全喪失視力，儘管通常用於形容需要使用非視覺感官資訊的嚴重視覺障礙者。視力低下的嚴重程度比失明輕，但仍會在一定程度上影響一個人完成日常活動。視力低下的人可能需要使用工具和技術來增強他們使用有限視力的能力，或者他們可能需要使用非視覺手段如觸摸來完成學習或工作任務。

發生率

富裕國家兒童的視力障礙發生率約為每一千名兒童中有一至兩人，其中只有約萬分之一的兒童患有嚴重視力障礙或完全失明。在發展中國家，嚴重視力障礙的發生率估計比富裕國家高出十倍，發生率為千分之一。

症狀和診斷

視力障礙的測量可由眼科醫生透過視力量表或各種儀器鑑定視力值（視覺敏銳度），同時也有功能性視覺評估，目的是測試患者的視力在日常生活中被實際應用的程度。

視力障礙有以下症狀：

1. 看東西時，閉上或擋住　隻眼睛、瞇起眼睛，或皺眉、側頭

2. 抱怨事物模糊或難以看清

3. 閱讀或進行其他近距離工作時有困難，或將物體靠近眼睛才能看清

4. 進行近距離工作（例如看書）時比平常更頻密眨眼或顯得煩躁

成因

有不同的原因導致兒童患上視力障礙，最常見的是視覺系統病變，如皮質視力障礙、視神經發育不全、早產兒視網膜病變、白化病和眼睛結構異常等。一些視力障礙的原因通常與其他殘疾（例如皮質視力障礙）的存在有關，近年由於醫療護理的改善，一些極早產或有殘疾的兒童雖能生存下來，但當中有部分幼兒仍會有較嚴重的視力障礙。

後天的意外如異物入眼、外傷，或疾病如白內障等亦有可能引致視覺障礙。

困難和需要

1. 視力障礙會影響生活品質，研究指視力障礙通常會導致各種負面心理健康問題如情緒低落、不幸感和較差的生活品質

2. 視力喪失會影響患者的工作或照顧自己（或他人）的能力，視障者較難進行基本自我照顧（例如吃飯和穿衣）以及日常和休閒活動，例如閱讀、社交和發展不同嗜好

支持和教導

對視力障礙者的支援，主要取決於其首次發現視力障礙的年齡。如兒童在正常視力下生活多年，他們已有視覺信息來理解環境及事物，這類兒童必須在心理上適應視力喪失，並學習新的方法來處理他們已經知道如何做的事情（例如穿衣、閱讀和飲食）。若視障發生在孩子很小的時候，兒童沒有對事物的經驗，缺乏對世界和環境的概念，便需要學習與自己的世界進行有意義的互動，以發展具邏輯和準確的概念。

有些視障兒童需要點字代碼，才能閱讀課本。此外，兒童可能需要以較大的字體、一些光學設備、記錄材料、圖片符號等來支援溝通。近年科技如電腦讀屏軟件、點字顯示器對視障學生有很大幫助。

有視力障礙的學生需要直接的指示，以便更好地了解環境，包括清楚知道存放物件的位置、準備食物的過程、完成家務的程序和其他日常生活的細節。日常生活技能訓練可以促進視障生的獨立性，並最大限度地減少對他人的依賴。

課堂上，老師可以提供：

1. 同儕支持，安排同學協助視障生認識環境

2. 課前預習的材料

3. 可觸摸或聆聽的學習材料

4. 可幫助視障生學習的課堂條件，例如：固定的座位、設施如適合視障生使用的電腦、清楚的活動流程等

三、肢體殘障

5歲的菲菲出生時被診斷患有腦性麻痺,四肢活動能力有限,現在特殊幼兒中心上課,每天都要進行大小肌肉訓練,感到很不舒服,有時會大哭。菲菲的學習能力沒太大問題,會說話、閱讀圖書,也開始學習自理,如刷牙、洗臉。父母很愛惜菲菲,常帶她外出遊玩,會盡一切培育她。

菲菲的肢體障礙影響她生活的各方面,未來的路不好走。肢體殘障(Physical Disability, PD)指個人移動或控制身體運動的能力受損,影響正常行動能力,難以進行日常活動如散步、吃飯、購物。

其症狀包括癱瘓(無法使用一個或多個身體部位)、慢性疼痛、肌張力問題、平衡能力下降,以及進行較粗大的運動(gross motor skills,需要活動到身體大肌肉群及四肢的整體運動,例如行走和跑步)或較精細的運動(較小的手部運動,例如書寫和繫鞋帶)能力較弱。

發生率

　　大概一千名嬰兒中有兩至三名會因腦神經病變而影響身體
肌能發展。

症狀及診斷

　　因先天神經病變導致的肢體殘障可從出生時檢測得知，成
長期肢體發展障礙兒童會有以下表徵：

1.　肌肉張力異常緊張，無法坐起或彎曲膝蓋；肌肉張力
　　異常鬆弛，大約 3 個月大時也無法轉動頭部

2.　即使自己吃飯，也只能用一隻手

3.　玩耍時較難運用肢體進行動作，如不會伸手去拿玩具

4.　手或手指協調能力較差，無法拿起或握住物件，或無
　　法主動放下手中物件

5.　平衡能力差並且經常絆倒，跌倒時也不會伸出雙手去
　　保護自己

成因

肢體殘障的常見原因包括後天性腦損傷（例如中風）、脊髓損傷、腦性麻痺、脊柱裂、肢體喪失和肌肉萎縮症。後天意外創傷亦會造成殘障。

困難和需要

肢體殘障對學習的影響會因其情況而有所不同，但對於這類學生來說，較大的問題來自移動身體、操作設備（例如在實驗室）、使用電腦、參加實地考察以及四處走動所需的時間和精力。學生可能會有以下幾方面的困難：

1. 身體容易疲勞

2. 難以使用常見的日常設施，例如，廁所、食品店、圖書館和演講室

3. 有些學生可能會難以操弄物件，例如，無法執筆書寫、寫字速度較慢、頭部不自主擺動、較難翻動書本或按電腦鍵

4. 由於須住院或進行復健或治療程序，學生可能會頻繁缺課。長期住院可能影響學業上的進度，打擊他們的學習信心

5. 肢體殘障學生可能與其他學生互動的機會較少，學習環境中的疏離感可能影響其學習表現

支持和教導

肢體殘障的支援取決於疾病、病症或損傷的原因、類型、範圍。良好的復康計劃能幫助個人克服最初的不適應感並防止狀況惡化，學會如何管理自己的障礙。這些支援包括：

1. 職業治療：專門幫助患者適應家庭和社會中的生活，透過目標導向的活動和練習，能提高患者的活動功能和獨立生活能力

2. 物理治療：包括維持和提高目標肌肉的力量，防止攣縮和畸形的發生和惡化，使患者能獨立活動

對於教導肢體殘障的孩子，相關課堂支援策略有：

1. 須為使用輪椅或拐杖的學生在其座位、課室距離上作調節

2. 行動不便的學生有時可能需要使用特定設備，例如符合人體工學的椅子或傾斜的書桌

3. 了解學生需要，一些有背部疾病的學生可能更喜歡站着聽課或上課，而不是坐着，有些則容易疲倦，需要較長的休息時間

4. 有些學生可能需要在課堂中使用錄音機做筆記

5. 在課程開始之前提供閱讀清單，以便學生可儘早開始閱讀備課

6. 提供適合學習的輔助教具

7. 了解學生是否可以參加在校外進行的學術活動，可以影片作為實地考察的替代方案

四、發展性協調障礙

凱維的行動有點笨拙。他已經9歲了，但拿筷子、執筆等動作還是做不好，他寫字時很用力，會力透紙背。吃飯常常掉東西，衣扣會上下錯搭，褲子的拉鍊也只會拉一半，就連外套也會反轉穿，常常被同學譏笑。

運動課是凱維的惡夢。他很怕走平衡木，跑步很慢，又容易絆倒。有次足球課，老師將全班分兩隊比賽，老師見他跑不動，便安排了「守龍門」的位置，但每當對方射球，他都是呆呆的看著，當球已入龍門後他才有反應。就這樣，對方連入數球，老師很氣，大叫：「凱維，你是踢球還是看球？」從此，同學都叫他「看球維」。

凱維動作笨拙，使得他難以參與運動活動，也容易成為被譏笑的對像。發展性協調障礙（Developmental Coordination Disorder, DCD）患者的肢體動作表現笨拙，運動協調障礙和書寫障礙是較常見類型。

發生率

　　外國一些研究指出大概4–5%兒童有此障礙。但由於斷症上的誤差，數字未必反映整體情況。

症狀及診斷

四個主要的診斷標準：

1. 兒童的大、小肌發展不達同齡指標

2. 其情況嚴重干擾日常活動表現和／或學業成績

3. 在孩子生命的早期就開始出現

4. 不是由智能障礙、視力障礙或大腦疾病所致

主要症狀有：

1. 出生第一年做出異常的身體姿勢，例如動作不靈活、移動身體的動作較慢

2. 操弄需要身體協調的玩具時有困難，例如堆積木

3. 學習用餐具吃飯出現困難

4. 難以進行大肌肉活動，例如跳躍、跑步、接球或踢球時有困難

5. 難以上下樓梯和容易疲倦

6. 書寫、繪畫和使用剪刀時有困難，與同齡的孩子相比，他們的筆跡和畫作筆觸可能顯得潦草

7. 穿衣服、綁扣、綁鞋帶很笨拙

11

感
官
障
礙

發展性協調障礙經常與下列障礙一起出現：

1. 注意力、閱讀與運動能力缺損

2. 社交、情緒與行為問題，如有焦慮與憂鬱

3. 言語障礙

4. 社交與溝通障礙

成因

　　發展性協調障礙是一種運動協調發展受損的疾病，並非由一般智能障礙或任何特定的先天性或後天性神經系統疾病所致。然而，大多數患者在詳細的臨床檢查時，都發現有明顯的神經發育不成熟，例如有支撐肢體運動和其他相關運動、或精細和粗大運動協調能力受損的情況。

困難和需要

1. 經常因為缺乏運動協調性而避免參加活動，會覺得體育課很困難

2. 可能會顯得笨拙，他們會容易撞到物體、掉落東西並經常摔倒

3. 自尊心較低，兒童會認為自己不如同齡人，不只是運動能力，也會對其外表和社會接受度感自卑

4. 較常出現精神困擾、情緒和焦慮障礙、社交消極和退縮表現的情況

支持和教導

發展性協調障礙可以在兒童早期進行適當的運動治療改善，例如玩迷宮、連線，或一些傳統小玩意如拋小米袋、挑竹籤，都有助提升手眼協調。

相關的課堂支援策略則有：

1. 調整椅子和/或桌子的高度，以確保學生處於正確的座位位置（即雙腳平放在地板上，肩膀放鬆，前臂支撐在桌子上）

2. 允許學生以不同的姿勢工作，例如站立

3. 提供斜板（或大型三環活頁夾），以方便書寫；根據需要提供特殊紙張，例如凸紋紙或方格紙

4. 提供不同的書寫工具（細號筆、中性筆等）和鉛筆套，以減少用鉛筆的壓力

5. 準備適用的工具如環形剪刀

6. 給予適當休息時間

案例

運動機能和其他能力一樣，須多練習才有進步。力圖因家裏照顧太好，飯來張口，衣來伸手，加上先天性運動機能發展遲緩，四肢不太靈活，看來有點呆笨。老師請家長每天帶他到公園跑跑跳跳，玩玩攀架滑梯，在家也擺設小彈床，堅持每天跳10分鐘。半年下來，身體靈活得多，人也變得開朗積極。

案例

偉楠的手眼協調有困難，寫字東歪西倒，繫鞋帶、扣衣物都做不好！家長聽了治療師意見後，在家每天和他打乒乓球，還有玩抓小布袋、挑竹籤、彈玻璃珠等遊戲。為鼓勵偉楠積極練習，家長設了獎勵，每完成若干分鐘遊戲便得貼紙一張，集齊十張可換獎品。這些遊戲在正向、歡樂、無壓力下進行，家長自身參與，既是訓練，也是親子遊戲時間。

相關資源

評估機構

聽障、視障、身體殘障等，一般在兒童早期身體檢查時便可以篩查出來，而衛生署學生健康服務會提供成長檢查，也可經轉介到香港衛生署兒童體能智力測驗中心提供評估。發展性協調障礙則在幼稚園及初小時症狀較為明顯。私人執業的職業治療師亦可以提供評估和治療。

訓練和治療

家長可考慮為孩子選讀特殊學校，參考特殊學校概覽：https://www.chsc.hk/spsp/public/index.php/index/index.html。在融合教育下，不少 SEN 學生在接受訓練後，入讀主流學校，有些學生甚至可升讀大學，畢業後投入職場，如其他人一般生活。

職訓局展亮技能發展中心專門為 15 歲或以上殘疾人士提供職業訓練，以協助他們就業，課程可瀏覽：https://www.shine.edu.hk/tc/curriculum/part-time-course。

為協助殘障人士發展藝術、運動潛能，香港展能藝術會、中國香港傷殘人士體育協會等機構會定期舉辦活動，家長可讓孩子參與。

學習資源和教材

1. 手語及聾人研究中心。〈網上資源〉。香港中文大學手語及聾人研究中心，2024 年。http://www.cslds.org/v4/resources.php?lang=tc&。

    - 中心開發了一套手語學習系統，部分資源可在網上下載

2. 教育局。〈感知肌能訓練（特殊教育需要）學習綱要 —— 第三章 —— 感知肌能訓練的學習內容〉。香港特別行政區政府，2023 年 7 月 7 日。https://www.edb.gov.hk/tc/curriculum-development/curriculum-area/special-educational-needs/references/perceptual-motor-training-syllabus/chapter3.html。

    - 內載有教學活動，不但適用於課堂，家長也可參考

參考網站

香港衛生署兒童體能智力測驗服務。〈常見的發展障礙〉。香港特別行政區政府，2023年9月14日。https://www.dhcas.gov.hk/tc/common_developmental_disorders.html。

融合教育及特殊教育資訊網站。〈肢體傷殘〉。香港特別行政區政府教育局，2021年8月27日。https://sense.edb.gov.hk/tc/types-of-special-educational-needs/physical-disability/。

American Optometric Association. n.d. https://www.aoa.org/?sso=y.

National Health Service. "Hearing Loss." Dec. 6, 2021. https://www.nhs.uk/conditions/hearing-loss/.

參考書目

American Psychiatric Association. *Diagnostic and Statistical Manual of Mental Disorders: DSM-5-TR.* American Psychiatric Association Publishing, 2022, pp. 85–92.

World Health Organization. "6A04 Developmental Motor Coordination Disorder." In *ICD-11 for Mortality and Morbidity Statistics*, 6A04. World Health Organization, 2024. https://icd.who.int/browse/2024-01/mms/en#148247104.

柏霖，小三男生。他的大名全校皆知，成績好，名列全級首三名，但他脾氣火爆，容易與人爭執。柏霖平日是很可愛的，說話伶俐，上課積極回答問題，功課準時繳交，且清潔整齊。偶爾也會協助老師做些課堂工作，如派發作業簿。

但稍一不順意，柏霖就會完全失控。有次，他和同學們在操場玩球，因勝負問題吵了起來。剛巧老師經過查問，柏霖更為激動，面紅耳赤地指罵同學。老師請他冷靜，他卻大呼老師處事不公，老師唯有請他見社工，柏霖一邊拍打自己的頭，一邊重覆說：「我沒事，為什麼要見社工？」就這樣在操場和老師對峙了十多分鐘，在社工的勸說下才勉強平靜下來。

靖琳就讀於一間著名女校的中四級。這兩個月來，父母在家中談論離婚的安排。靖琳明白這是大人的事，他們應該有自己的選擇，而且她也16歲了，可以照顧自己，但心裏總是很不安寧，有時很想哭。升上中四後，大家都在談論中學文憑試，如何操練考卷、上補習班之類。她本來不是很在意，但見大家談論多了，也逐漸緊張起來。她很想努力讀書，上課時勉強自己集中精神，但忽然間情緒會急促下墜，跟着不由自主地哭起來。她盡力抑制眼淚，但越努力越控制不了，更覺得自己沒用。為此她見過學校社工和輔導老師，上過一些情緒工作坊，知道一些控制情緒的技巧，只是當情緒低落時，那種孤獨、厭煩、人生無望的感覺會忽然而至。

文昊，5歲半，K3學生。家境頗富裕，父母都是成功的專業人士。過去一年，媽媽為了讓文昊升讀心儀學校，報讀了很多興趣班以充實履歷：星期一學英文和鋼琴、星期二學普通話和游泳班……就這樣，每天課後穿梭來回各學習中心，就連星期六也要上一個三小時的小領袖班。星期六原本是文昊最喜歡的美藝課，但聽聞小領袖班訓練説話能力，會對將來的面試有助，文昊便要花三小時學做領袖。至於美藝班，媽媽説：「有學校收你，就可以畫畫啦！」

媽媽為文昊報了十多間學校，都是極受家長歡迎的，競爭很大。每當接到面試通知，媽媽都很緊張，口裏雖説：「不要緊，如果考不上學校，就等政府的中央派位罷！」文昊不知什麼是中央派位，但知道考不到學校，媽媽會很不開心。到了一、兩間學校面試後，文昊很疲倦，不太想吃東西。一天，他告訴補習老師Miss Cheung：「我考到學校後，就會自殺了！」Miss Cheung很震驚：「你知道什麼是自殺嗎？」文昊搖頭，他真的不知道，只是他真的很害怕考不到學校……

柏霖、靖琳、文昊都受情緒及行為障礙困擾，需要成年人的了解和支持。情緒及行為障礙（Emotional and Behavioural Disorders, E/BD）對兒童學習、社會功能、安全感，以及精神健康影響極大。有些患者會同時有多種發展障礙，如自閉症譜系障礙、AD/HD、學習障礙，其表徵有外顯的如攻擊他人或破壞規矩，也有內在的如社交退縮、憂鬱、焦慮和自殘等。

發生率

　　由於依賴主觀評估和使用不同的定義和標準，還有收集數據的困難，要準確估計兒童情緒行為障礙的發生率並不容易。據現時的大型研究，每年有 10–20% 的兒童受到心理健康問題困擾，不同種族和族裔群體的比率非常相近。然而，貧窮和低社會經濟地位似乎是增加年輕人群心理健康問題發生率的風險因素之一。2021 年世衛組織報告表示，10 至 19 歲青少年中，每 7 人中就有 1 人患有精神障礙，佔該年齡層的 13%。憂鬱、焦慮和行為障礙是青少年精神疾病的主要原因。自殺是 15 至 29 歲族群的第四大死因。

症狀及診斷

　　情緒及行為障礙的基本症狀有：

1. 　無法與同儕、老師建立或維持滿意的人際關係

2. 　在沒有特殊刺激下也會出現不適當的行為或情緒，普遍有不快樂或抑鬱情緒

3. 　作出攻擊性或自殘行為，例如發脾氣、打架、拍打及傷害自己身體

4. 　社交退縮，例如不與他人進行社交互動、過度恐懼或焦慮、恐懼時躲起來不願見人

5. 作出不成熟的行為，例如出現不恰當或低於其年齡的哭泣、發脾氣、社交應對能力差

6. 出現與能力有落差的學習困難，例如學業成績低於應有年級/智力程度

DSM-5 及 ICD-11 列出以下在兒童期會出現的情緒及行為障礙，這些障礙都有不同的症狀和需要。

1. 行為障礙

a. 品格障礙（Conduct Disorder）

兒童會有重複且持續的不參與社交、具攻擊性或挑釁行為。此類行為表現不達社會對該年齡的期望，比普通的幼稚惡作劇或青少年叛逆行為更為嚴重，並且會出現一種持久的行為模式（六個月或更長時間）。品格障礙的特徵也可能是其他精神疾病如自閉症的症狀，在這種情況下，應同時檢視該疾病的問題。

品格障礙的行為表現包括：經常打架或欺凌、虐待他人或動物、嚴重破壞公共財產、偷竊、反覆說謊、逃學和離家出走、有異常頻繁以及嚴重的脾氣、不服從命令。患者如出現這些行為中的任何一種，就足以診斷為品格障礙，但單獨的不社交行為則不列入此症。

b.　對立性反抗障礙 (Oppositional Defiant Disorder)

此類行為障礙通常出現在較年幼的兒童，主要特徵是明顯的反抗、對立、不聽話、破壞行為，但不包括違法行為或更極端形式的攻擊性或不社交行為。在判斷此類別時須謹慎，尤其是對於年齡較大的兒童，因為臨床上顯著的行為障礙通常會伴隨較危險的不合群或攻擊性的行為，而不僅僅是普通的反抗、不服從或破壞行為。

2.　情緒障礙

a.　兒童分離焦慮症 (Separation Anxiety Disorder)

分離焦慮感是指年幼兒童要離開成年人或照顧者時所產生的不安感，一般會以大哭來表達，但在安撫下可以平服下來。與一般的分離焦慮感有所不同，分離焦慮症是其嚴重程度不尋常（包括情況異常持續，超出其年齡階段的正常表現），並且會影響其社交功能。當對分離的恐懼構成焦慮，及這種焦慮在童年早期首次出現時，就應該進行診斷。

b.　兒童社交焦慮症 (Social Anxiety Disorder)

當遇到新的、陌生的或有社交威脅的情況時，會表現出對陌生人的驚恐、社交恐懼或焦慮。惟此類恐懼在兒童早期出現且程度不尋常，以及因此而出現社會功能問題時才應使用此類別。

c. 選擇性沉默症（Selective Mutism）

有些兒童會較內向、害羞及安靜，但選擇性沉默症是焦慮症的一種。其特徵是兒童具說話能力，但會因明顯的情緒不安而選擇不說話。兒童在某些情況下（例如在家）表現出正常語言能力，但在其他情況下（例如學校）就無法說話，情況持續一段長時間。此疾病通常與某些顯著的人格特質有關，包括社交焦慮、退縮、敏感或抗拒。

d. 兒童反應性依附障礙（Reactive Attachment Disorder）

始於生命的前五年，其特徵是兒童的社會關係模式持續異常，與情緒障礙相關，並對環境的變化有過激反應（例如恐懼和過度警覺、與同儕的社交互動不良、自我攻擊），並因而感覺痛苦，成長階段會屢遇困難。這種症狀可能是父母嚴重忽視、虐待或嚴重處理不當所致。

e. 抽動障礙（Tic Disorder）

抽動是一種不自主、快速、反覆、無節律的運動（通常涉及臉部某些肌肉群），或突然發生且沒有明顯目的地發出單調的聲音。抽動的發生往往是不受控的，但通常可以在限定時間內被抑制。抽動會因壓力而加劇，但在睡眠時消失。常見的運動抽搐包括眨眼、脖子抽動、聳肩和做鬼臉。發聲抽搐包括清喉嚨、吠叫、嗅東西的聲音和嘶嘶聲。常見的複雜抽動包括打自己以及重複自己的聲音或單詞。

3. 其他

a. 厭食／暴食症

b. 雙向情緒失調（Bipolar Disorder）

c. 強迫症

d. 緊張焦慮

e. 嚴重情緒化

f. 精神障礙

　　患有嚴重情緒障礙的兒童可能出現思考扭曲、過度焦慮、奇怪的動作行為和異常的情緒波動。許多孩子可能會在成長過程中的不同時期，表現出一些以上的行為。然而，當孩子出現情緒困擾和行為持續較長一段時間，並且無法應對環境或同儕相處時，情況就需要關注。

成因

　　兒童及青少年的情緒行為問題原因複雜，有些是病理性引發，患者可能同時有各類神經發展障礙。而現代社會如家庭結構、教育制度、社交媒體、人際關係，以至環境污染、食品安全也會導致或加劇兒童情緒行為困難，極端情況下兒童會有反社會、自殘甚至自殺行為。迄今為止，雖有大量研究兒童行為情緒問題，惟未有確實證據支持某個因素導致，以下情況與兒童情緒行為的相關性較高：

1. 家庭因素

a. 父母照顧：包括懷孕期時父、母親的心理精神狀態、婚姻、家庭關係、育兒知識和能力等

b. 家庭關係：父母管教不當、過嚴或疏忽的教導方式、父母不和諧、疏忽孩子、父母對孩子活動的參與度低

c. 家庭功能：家庭功能失調，有家庭暴力、父母情緒不佳或藥物濫用的情況，或家庭經濟不穩、貧窮

2. 社會因素

a. 高壓社會

b. 以成績為主導的教育制度，學校重視學業成績多於心理發展

c. 疏離的人際朋輩關係

d. 社交媒體的負面因素，例如網絡欺凌、傳遞負面信息等，都會影響兒童的心理發展

3. 兒童個人特質

有些兒童會較不受控制，從小表現攻擊性行為的兒童更有可能在以後的生活中出現破壞性行為障礙。兒童 3 歲前的一些脾氣暴躁和焦慮症狀，和後期的焦慮、憂鬱、對立性反抗障礙和功能障礙有關。

困難和需要

　　心理健康對個人整體健康很重要。情緒行為障礙是一種慢性的健康問題，會持續很長時間，通常不會完全消失，持續至終生。如果不及早診斷和治療，患有情緒行為障礙的兒童會在適應家庭、學校和社會和建立友誼方面遇到困難。情緒行為障礙會干擾兒童的健康發育，造成社會疏離、孤立、被歧視或反社會的情況出現，問題可能會持續到成年階段。因此，世界衛生組織呼籲全社會積極關注年輕人的心理健康，並提供正向環境及支援，以助年輕人建立健康的身心。

支持和教導

　　輔導及教導行為情緒障礙兒童，可從（1）個人層面及（2）環境層面提供協助。

1. 個人層面

a. 情緒紓緩

　　許多兒童不懂或欠缺處理情緒的方法和技能，會因情緒表達錯誤、不當而出現行為問題。教導他們如何認識和表達情緒，從而達到情緒行為管理是很重要的。情緒教育的理論和策略很多，內容大致有以下幾個重點：

（1）認識自己和他人的情緒，例如察覺情緒、身體及感覺的變化，也能觀察他人的表情或身體動作

（2）了解情緒的原因和後果，能分析及回顧情緒出現的經過

（3）用較精準的詞彙來標記情緒，除了常用的開心、不開心，還有其他詞彙如興奮、高興、緊張、沮喪、失落、傷心、痛心等，精確詞彙能協助兒童明白情緒的狀況及告訴他人自己的需要

（4）根據文化規範和社會背景學習如何表達情緒，這點很重要，兒童須能根據當時情況表達情緒，減少被人誤會。例如在感到煩厭時，可在空曠地方跑動來紓緩情緒，但在課室就要用其他方法如深呼吸。感到緊張時在家中可以搖擺身體四肢，在一般社交場合則可握拳

（5）學習如何在適當場所，選取有用的策略調節情緒，包括：

- 冷靜角
- 深呼吸（數數字如「1、2、3⋯⋯」）
- 紓緩物品（如壓力球、絨毛娃娃）
- 畫畫（如塗鴉、畫自己）

b. 建立正向人生觀

學者Martin Seligman博士提倡的PERMA幸福理論有五個基本要素：（i）積極情緒（Positive Emotion；擁有希望、快樂、愛、同情、自豪和感恩）；（ii）參與投入（Engagement；知道活

在當下，專注於工作）；(iii) 正向人際關係（Relationships；感到得到他人支持、愛與重視）；(iv) 生活意義（Meaning；有歸屬感和/或服務他人）；(v) 成就感（Accomplishments；有成功經歷、有能力掌握事情）。培養以上五點可以協助兒童建立正向心理，減低負面情緒及應對生活困難。

2. 環境層面

提供正面、支持和有規律、安全的環境，讓兒童有所依從，有助穩定情緒，建立適當行為。

a. 適用於家庭和學校的基本策略

(1) 可與兒童一起制定簡單易懂、大家都同意的家庭/學校規則，例如有禮貌、守規

(2) 規則須是積極的，例如「尊重自己和他人」而不是「不要發脾氣」

(3) 規則保持簡單：選最重要的幾項便可，規則太多反令兒童無所適從

(4) 當規則被打破時，儘量避免負面的情緒反應，成年人的情緒反應負面，兒童會有相同的回應

(5) 當問題出現，須保持冷靜，檢視原因，重新訂立規則和策略，成年人堅定而友善的態度是幫助兒童建立規矩的要素之一

案
例

> 陳老師是K3班的班主任。在遊戲和課間休息時間，陳老師
> 經常玩「木頭公仔唔准郁（不許動），唔准跳（不許跳）、唔
> 准呱呱叫（不許叫）」遊戲。這遊戲要求孩子跟隨指令「做動
> 作或停住不動」。熟練後，由孩子商量自訂規則和動作，條
> 件是訂好規則後，大家都要跟從。如有孩子做不到某些動
> 作，或未能跟從規則，大家要停下來再討論如何幫助同學
> 完成。類似的遊戲有很多，如「一二三紅綠燈」、「拋手
> 巾」。孩子非常喜歡這些遊戲，笑聲不斷，學會了規則，也
> 學會了幫助他人。

b. 培養兒童自尊

（1）運用正向的語言溝通，儘量減少負面說話，例如避免
說「你很糟糕、失敗」，很多時成年人的負面人格批
評，會造成兒童的深層傷害

（2）互相尊重

（3）欣賞孩子強項，發展潛能

（4）接納弱點，積極面對，相信弱點可以改善

不少人常說現今的「讚賞教育」使孩子心靈脆弱，明明做
錯了也受不得批評。這是因為部分人誤解了讚賞的意義，也用
錯了方法。讚賞和批評，須針對事情、行為，而非個人人格。
例如當孩子做得不對，成年人可以指出：「你剛才不問同學就
取去他人的筆袋，這是不好的行為」，而非「你很貪心」、「你
是小偷」，行為不對可以糾正，但人格批評會影響自尊。讚賞

也是如此，孩子做得好，家長不要只說：「你真棒，你是我的驕傲」，而是指出孩子做得好的個人原因，如：「你很努力溫習，所以取得好成績！」、「你接納同學的意見，大家都很欣賞你呢！」。

c. 對正向行為的認同

(1) 孩子「做對」，不要視為「應份」，可請孩子說說自己的感受，有助持續建立好行為

(2) 認同很重要，研究說人類大腦有一獎勵迴路，當人的行為得到正面肯定，是一種獎勵，行為才會延續和發展下去。進行認同的重點是：

- 激發兒童正向行為，並持續實踐，例如當一名經常發脾氣的兒童能控制情緒時，不要視之為「必然」，而是指出兒童的良好表現，加以肯定

- 認同的方式並非只是物質獎勵，語言、態度、社會獎勵都可以

- 著重認同好行為，建立支持好行為的長遠策略，例如問兒童：「你用了什麼方法控制脾氣？下次可以繼續運用嗎？」

案例

正山脾氣很暴躁，媽媽用了很多策略，提醒他如何控制情緒，包括深呼吸、數「1、2、3」、圖卡提示等。這些方法初時也奏效，但過了兩三週又不管用。媽媽懷疑這些方法的效能時，正山有一次發脾氣後說：「我不知道自己做得對不對，你們都沒告訴我！」媽媽於是調整策略，當正山能控制脾氣後，媽媽問：「你剛才做得很好**(肯定)**，可以告訴我用了什麼方法嗎？**(請正山反思)**」正山初時也沒法回應，媽媽續說：「我看見你大力呼吸呢！」正山點點頭，表示知道深呼吸可以幫助紓緩情緒。慢慢地，正山掌握到控制脾氣的方法，情緒大為改善。

3. 處理兒童情緒的原則

當兒童有情緒行為問題時，成年人可用適當方法，幫助兒童面對困難。當兒童情緒過激或失控時，成年人可以：

a. 協助兒童將過激情緒先冷靜下來，例如，請他們坐在一角（必須在成年人視線內），避免傷害自己或他人

b. 先避免說教，待兒童的情緒平服後了解原因，才說明事情的道理

c. 和兒童一起思考自己的行為，尋找補救或發展方法

d. 協助兒童建立自我改善方法

e. 同理心回應方法是協助兒童紓緩過激情緒的其中一種策略，當兒童知道成年人明白他們的感受時，會較容易冷靜下來，接受教導：

運用同理心回應公式，當兒童情緒激動、不安時，成年人可說：「你覺得**（一個情緒字眼）**，因為**（一個事件）**。」

- 情緒字眼有：矛盾、掙扎、無奈、無助、孤單、痛苦、傷心、難受、自卑、心酸、不幸、「唔抵」（不忿）、不忿氣、不甘心、好煩、好興奮、好生氣……

- 例句：
  「你覺得很不忿，因為剛才媽媽沒有聽你的解釋。」
  「你覺得很難受，因為朋友沒聽你的意見。」

案例

陳老師是位中學老師，負責校內學生行為和紀律工作，剛學會了「同理心回應方法」。一天，一名中四學生因課室秩序問題被另一老師責罵，該學生非常不忿，因他認為自己和事件無關。他大聲呼叫，手握拳頭，並說：「你屈我！」陳老師見狀上前，跟他說：「你覺得很委屈，因為老師沒聽你說！」立即，該男生靜了下來，沒再跟老師爭吵。待完全冷靜後，他才說出事件經過，也知道自己說話過激，悄悄地跟老師道歉。

在兒童成長過程，會遇到很多難題，如學業、人際、生活等的問題，成年人的陪伴和聆聽是協助兒童渡過情緒難關的良策。積極聆聽能讓兒童的情緒困擾得到紓緩，他們感到被人明白和了解，會較願意尋找適當的解決方法。積極聆聽的重點是聆聽，成年人需要：

a. 隨時準備好傾聽兒童說話

b. 留意自己的態度，表達願意聆聽、關注

c. 保持眼神接觸

d. 留意詞彙和輔助語言的運用，如「請你講講⋯⋯」

e. 仔細觀察兒童的語言和非語言的表達、表情和感覺

f. 如兒童告訴你一些可能你不同意的事情，也暫停自己的判斷、價值觀批判，細心聆聽

g. 記緊少打斷兒童說話，只適當做些回應如點頭以表示你在聆聽，真心誠意的聆聽是最重要，也是最困難的，故當聆聽兒童說話時，成年人要不斷提醒自己：「閉嘴！閉嘴！」

案
例

張先生育有一名6歲特殊需要兒童，正與太太分居，被家庭、工作、孩子教養問題困擾。每當學校老師致電通知他孩子的行為問題時，他立即大發脾氣，指責老師針對他的孩子，後來，老師改變了相處方法，說：「孩子今天幫忙分派作業。他最近情況如何？」初時，張先生只是敷衍一兩句。漸漸地，他也打開心扉，和老師多說兩句，也接受孩子的行為需要接受治療跟進。老師得出一個經驗：每個人，不論成年人還是孩子都希望別人明白他、聆聽他的需要。

案例

4歲的浩翔十分聰明，說話流利，但頗為「反叛」，經常拒絕服從老師的指令，還說：「為什麼要聽你的話？」老師便請來輔導員李姑娘了解他的情況。李姑娘面見浩翔時，給他一張白紙、一盒顏色筆，說：「今天發生了什麼事，你畫在紙上吧！」浩翔立即畫了一張書桌，桌上有積木，李姑娘說：「你畫了一張桌子和積木。」浩翔再畫了一個人，說：「這是浩浩！」李姑娘接着說：「浩浩坐在書桌旁！」浩翔斷斷續續地告訴李姑娘今天發生了何事，也說出了自己的感受：「不開心，我疊不到積木！」李姑娘沒有說：「那你為什麼不努力再試試呢？」，而是鼓勵浩翔繼續畫，表示她在聆聽！

　　兒童和青少年時期是身心發展的關鍵期。良好的心理健康對於生命的整體健康和福祉非常重要。社會、政府和教育界須：

a.　認識心理健康和整體健康的關係

b.　幫助兒童、青少年及其家長認識情緒和行為本身，並了解怎樣管理兩者

c.　確保每名兒童都能獲得高品質且符合文化要求的心理服務

d.　支持學校和社區的心理健康教育，如上面提及的正向教育

e.　減低導致兒童心理健康欠佳的社會因素，如不良的社交媒體和網絡文化

f.   成年人應以身作則,少批評年青人,建立積極、正
    向、尊重的社會氛圍

g.   支持全面數據收集和研究,以便更快地識別和回應青
    少年心理健康需求

相關資源

評估機構

對於情緒行為問題,教育或臨床心理學家可進行評估,如孩子的問題
可能需要藥物治療,則須由精神科醫生診治,可參考本書附錄A及C
部。政府資源有限,排期較長,私人執業的專業人員則費用高,建議
家長和學校討論,社工、輔導老師都可提供第一線的支援。

訓練和治療

家長若修讀一些情緒行為課程,有助幫孩子建立正向行為和管理情
緒,例如香港理工大學康復治療科學系康復治療診所提供的情緒控制
及社交技巧訓練(https://www.polyu.edu.hk/rs/rehabclinic/tc/our-
services/occupational-therapy/child-development-services/
emotional-management-and-social-skill-training/index.html)。本書附
錄中的社福機構會開辦一些情緒管理課程,家長可留意或加入成為會
員,以便收到通知。

學習資源和教材

政府、大學製作了許多學習教材套，供家長及教師參考：

1. 屯門兒童及青少年精神健康服務、周達玲。《學前期兒童情緒教育錦囊》。青山醫院精神健康學院，2007 年。https://www3.ha.org.hk/cph/imh/doc/information/publications/8_03.pdf。

2. 協康會。《情緒理解及調控》。香港賽馬會，2018年。https://www.socsc.hku.hk/JCA Connect/ebook/pdf/primary_08.pdf。

3. 香港大學社會科學學院。〈資源套〉。什分什計 https://www.socsc.hku.hk/jcpanda/resource-packages/。

   • 由香港大學社會科學學院策劃推動的賽馬會「樂天心澄」靜觀校園文化行動，把靜觀引入學校的社交情緒課程。資源套內有很多實用策略，如靜觀伸展、靜觀呼吸等。不論是整套或單獨使用，都能有效協助孩子處理情緒

4. 學生精神健康資訊網站。〈精神健康素養資源套（高小版）〉。香港特別行政區政府教育局，2023 年 1 月 17 日。https://mentalhealth.edb.gov.hk/tc/promotion-at-the-universal-level/promotional-resources-for-schools/110.html。

   • 資源套內有為小學四至六年級學生而設計的班本教學活動，家長也可運用其中材料，如《三個朱古力挑戰》故事繪本、「8字呼吸練習」等，以協助孩子認識情緒，建立情緒管理方法

參考網站

青山醫院精神健康學院。〈精神健康教育資料〉。香港醫院管理局，2024 年。https://www3.ha.org.hk/cph/imh/mhi/index_chi.asp。
香港衛生署兒童體能智力測驗服務。〈焦慮症〉。香港特別行政區政府，2023年11月10日。https://www.dhcas.gov.hk/tc/anxiety_disorder.html。

American Academy of Child and Adolescent Psychiatry. 2024. https://www.aacap.org.

American Academy of Pediatrics. "Mental Health Initiatives." Jul. 17, 2023. https://www.aap.org/en/patient-care/mental-health-initiatives/.

Center for Disease Control and Prevention. "Children's Mental Health." U.S. Department of Health & Human Services, Aug. 23, 2023. https://www.cdc.gov/childrensmentalhealth/index.html.

National Institute of Mental Health. U.S. Department of Health & Human Services, n.d. https://www.nimh.nih.gov.

Positive Psychology Center. University of Pennsylvania, 2024. https://ppc.sas.upenn.edu.

參考書目

American Psychiatric Association. *Diagnostic and Statistical Manual of Mental Disorders: DSM-5-TR*. American Psychiatric Association Publishing, 2022, pp. 101–138.

World Health Organization. "Schizophrenia or Other Primary Psychotic Disorders." In *ICD-11 for Mortality and Morbidity Statistics*. World Health Organization, 2024. https://icd.who.int/browse/2024-01/mms/en#405565289.

從幼稚園開始，樂然的數學能力已很突出，當其他小朋友還在學習5的組合時，他已會心算加法，K2時兩位加、減數都難不到他。

小學時，樂然的數學成績已遠超同儕。小四時他能拆解中學程度的數學，參加各類數學比賽必定勝出。上中學後，他遇到一位「數痴」老師，老師給他大學數學科的題目，指導他如何一題多解。樂然非常醉心，把所有課堂時間用來解題。語文老師曾經勸導：「不能只做數學題，將來中學文憑試還要考中英語文及通識的」。樂然明白，但他對語文毫不感興趣，敷衍了老師一下，就依然故我。

樂然平日生活不太有條理，鞋子很大，他說不想繫鞋帶，所以買大一些，方便穿脫。他吃飯很快，所以午後的校服總會沾點飯菜漬。樂然在校很少朋友，非常抗拒小組討論這類活動。

資穎真是天資聰穎。幼稚園時成績已很好，參加所有活動，校內、校外的都獲獎。小學、中學時，都是學校的「明星」，學習好、成績好，更難得的是她待人接物的態度也很好，對師長有禮，關心同學，所以經常被選為總領袖生。資穎也不負領袖這個名稱，她帶領同學開會時能控制議程，整合各人的看法，得出結論。公開場合演講也有條不紊，觀點清晰，非常有大將風範。

但資穎也有煩惱。她很關心社會議題，會思考人生哲理，但她的同學、朋友都在談論韓國男團，或者校園八卦。她覺得很孤單，特別是遇到挫折時無人傾訴，因為大家都覺得資穎是十全十美的，她也想維護這個形象。

日朗的成績單上，總有這樣的類似評語：「天性聰敏，若努力學習，成績進步可期」。其實日朗讀小學時，老師見他記憶力很好，常識豐富，很有創意，但不喜歡上課，功課很草率，建議父母帶他做評估，報告說日朗是資優兒童。媽媽一方面很高興，一方面不明白資優的日朗為何成績只在全級的中下游。

日朗很討厭抄寫的功課，會想盡辦法敷衍。測考時，經常會有四分之一題目沒有完成，其餘四分之三的答案卻全對。老師問日朗，他會說：「合格就可以，為什麼要100分呢？」升中學後，成績越發往下掉，因他將大部分時間用在其他活動：閱讀、打球，甚至拍攝影片。總之，就是不肯溫習課業。

樂然、資穎、日朗都是資優兒童,各有所長,也有各自煩惱。資優(gifted)是一個很令人「羨慕」的形容詞,被評為資優,好像就立即與「成功」掛鉤。但現實是,資優僅是對個人能力的描述,和「成功」沒有必然關係。綜合大量學者的理論,資優是一個非常模糊的概念,歧義很大。資優定義的跨度甚廣,從能力層面看,評估標準可由狹窄單一的智商測試(intelligence quotient, IQ)至涵蓋面很廣的多元智能(multiple intelligences, MI)測試;也有理論認為能力不足以說明資優,須兼評個人的態度和情意表現。

發生率

　　由於定義及評估準則的差異，資優的發生率計算也有不同。若以智商測試來評定，最佳2%的人群為資優，若以多元能力而言，則其發生率為5-10%。

症狀和診斷

　　一般而言，資優生會有以下表現：

1. 某些範疇的學習能力發展比別人早和快，領悟力強，更充滿熱誠、專注、持久

2. 喜愛學習，表現及成績優異

3. 富創意，能有創新的處理方法

4. 好奇心強，會鍥而不捨地追求答案

5. 樂於接受挑戰，喜歡難度高的挑戰

6. 反思能力強，願意不斷改善

　　任何診斷都必須基於一些公認的標準，而制定標準通常先會有公認的定義。但由於資優沒有一個為大多數人接納的定義，因此，在評定資優生時，會因定義、準則不同而出現很大歧異。

　　有關資優的定義，可分三個向度來說明：

1. 由單一智能至多元智能

智商測試是最早期亦最廣泛接受的資優定義。由於其測試過程標準化，測試內容亦簡單易明，因此，不少人將資優與智商測試結果等同，高智商分數即是資優，這一概念早於1926年由Lewis Terman提出，他定義資優人士是在Stanford-Binet智能測驗或其他相同功能的智能測試中，得分最高的1%人群。智商測試的內容是邏輯推理、工作記憶和解難能力，受試者會有一個與同齡組別比較的分數，100分為中間分，每15分為一個標準差，高於兩個標準差，即130分者，則被評為資優。經過大量統計和心理學研究，智商測試題目具備頗高的信度和效度，因此這個相當狹窄的定義，即以智能測驗來評定資優，長期影響着社會對資優的評定，亦影響教育界的措施和策略。儘管一直以來，不少學者提出質疑，且提倡以多元化的方法來檢視智能，但由於智商測試簡單，且分數看似較為客觀，因而以此作為資優評定的準則，似乎較少爭議。

隨着學術界對智能的研究增加，認同智能並非是單一、概括性的能力，而是由多個元素組合而成，如分析、記憶、推理，且涵蓋不同層面的能力，如音樂、藝術、空間以至肢體協調、人際社交、領導等，資優定義遂由單一智能擴展至多元能力：

a. 學者Joy Paul Guilford提出的智力結構理論（Structure of Intellect Theory）認為智能組合包括一百種以上的能力，其中擴散性思維能力（divergent thinking）是

人類生產能力和創造力的要素，但傳統的智商測驗無法測量相關能力，因此資優的評定亦須包括創造力。

b. 資優應不限於學科才能，應包括個人生活上的能力，如決策能力、預測能力、計劃能力、溝通能力等。

c. 資優應有五類型：(1)普通能力、(2)創造力、(3)社會－情意能力、(4)感覺動作能力、(5)其他能力。學者 Francoys Gagné 將資優（giftedness）和特殊才能（talent）區分開來，資優是天賦的能力，特殊才能是後天的表現。天賦才能須經由不同媒介，如環境、人格、動機，才能轉化為有表現的特殊才能。

d. 學者 Howard Gardner 提出多元智能理論（Theory of Multiple Intelligences），認為智能不能單以智商來測定，而是最少可表現在八種領域：(1)語文、(2)邏輯數理、(3)視覺－空間、(4)音樂、(5)肢體動作、(6)人際、(7)自省、(8)自然智能。有學者按多元智能論，認為若某個範疇能力表現突出，就是資優。

e. 學者 Robert Sternberg 提出智力三元理論（Triarchic Theory of Intelligence），認為智力包含三個層面的能力：(1)分析能力（認知層面）、(2)創造力（經驗層面）、(3)實踐能力（生活適應層面）。智能優秀應具備上述三個層面，不能以單一方法來評定智能。

2. 由智能、認知能力到態度、行為（gifted behaviours）

學者 John Feldhusen 認為評核資優包括四個層面：一般心智能力、積極的自我概念、成就動機及特殊才能。此說法重視能力以外的個人的內在情意和動機。

學者 Joseph Renzulli 則主張資優由三種特質交互影響而成：中上的能力、高度的創造力和學習的專注力。Renzulli 的理論將資優特質從能力推展到行為特質。

3. 由尖子表現到潛能

除了重視兒童已顯現出來的能力外，學者亦提出須檢視未顯現的能力 —— 潛能，以免一些有能力的兒童因環境、社會、種族、性別或其他障礙而被掩蓋了其應有的表現。

美國教育部門修訂資優定義為：「資優及有才能的學生指那些能在智能、或藝術（視覺及表演）、或領導、或特定學科表現出高能力，以及在主流學校和課程**無法充分獲益**的兒童」；美國資優兒童協會則認為資優兒童是：「資優孩子在一個或多個範疇，**擁有突出表現或潛能**」。

著重兒童的潛能，其實是在說明資優教育並非只是培育表現良好的兒童，而是要留意那些具有潛質的兒童，協助他們除去那些阻礙他們發展能力的因素。也有學者建議使用一些較為低調的名詞如「有能力的學習者」、「具資優潛質」，或 Renzulli 所建議的「表現資優行為的學生」，以擴闊社會對資優生的辨識和培養。

資優在不同的社會、文化有不同的意義,例如,軍事社會重視強壯、有戰鬥力的人,但農業社會則重視法制、管理,因此文人、思想家被視為俊彥。工業革命後,科學家、商業才華受到特別的重視,為人所推崇。現代社會重視數理、科技,政府會大力培育科技人才,對培育數理資優積極投資,但哲學、人文、社會學專長者,得到的重視和資源便少了!因此,評定資優往往須視乎社會環境的需要。而且,資優評定只是第一步,社會,教育須考慮(1)為何評估資優生和(2)如何發展所有學生的資優潛能。

潛能未展資優生和雙重需要資優生

資優生之中,有潛能未展和雙重需要資優生兩類。潛能未展資優生是指其預期成績(即是通過標準化測試、評估等衡量來預期的表現)與實際成績(通過學校成績和教師評估衡量)之間存在嚴重落差的學生。雙重需要資優生則是指同時兼有特殊學習需要如讀寫障礙和資優的學生。實際上,某些學生既是潛能未展也具雙重需要,但他們不達預期成績不僅是因為特殊障礙,亦是由其他因素所致。

這些潛能未展的學生不會追求成績,只有在他們感興趣的時候才會參與學習。他們自知聰明並能表現出色,只是沒興趣表現出來。在性格上,他們可能表現出破壞性的行為,或有敵對、易怒、喜怒無常、沮喪、焦慮、完美主義、擔心失敗的情緒。有時他們也會拖延、容易分心、似乎對工作漠不關心。

導致潛能未展資優生的社會情感風險因素：

a. 完美主義，因為追求心目中永遠達不到的目標，故不敢行動

b. 害怕失敗而拖延或不敢冒險

c. 同儕影響／從眾，不想因「資優」光環而失去同儕，這情況在女性群體較多出現

d. 憂鬱／焦慮，對事情過於執著

e. 社交不成熟

成因

在人類歷史上，天才、高能力的人、精英、領袖一直從事帶領、改變人類社會的工作。他們乘着時勢、因應社會需要而出現，其資優特質亦因當時形勢而為世所用。

困難和需要

究竟資優生在社會適應方面，比一般孩子為強，抑或面臨較大的困難，這個問題一直是資優教育的討論議題，也一直未有定論。從研究得知，高智能與社會適應之間，沒有絕對的關係，亦因此，學者無法歸納、推斷出資優生普遍的社會情緒特

質。有些研究認為資優生的內在動機較強、思考較具彈性、獨立及情緒較穩定。但亦有研究認為資優生會因追求完美，容易感到沮喪和挫折而不敢挑戰。資優生會偏向敏感、完美主義、情感強烈。其中敏感情緒會引發較強烈的情緒波動，例如對他人評價反應過激。

整體而言，現時學校課程大多有標準的學習目標，無差異化的教學無法發展資優生的潛能，而統一標準化的教學評量也忽略了學生的特殊才能。加上跟所有同齡學生一致的學習進度，易令資優生感到沒挑戰性、乏味。課堂以外，資優生亦面對家庭和個人的問題：

1. 家庭問題

a. 家長採用不一致和/或極端的教養方式和技巧

b. 家長因個人或家庭原因，虐待或忽視兒童，影響兒童發展潛能的機會

c. 父母過高的期望，將年幼時期的資優兒童視為成人，造成心理壓力

2. 個人問題

a. 心理健康狀況不佳

b. 情緒困擾

c. 行為障礙

d. 自我概念低

e. 完美主義，或害怕失敗

f. 相信外控（external locus of control），覺得事情成敗不由自己決定，主要是由外部力量決定的

g. 發展障礙（患有AD/HD、專注力不足〔ADD〕、自閉症、特殊學習障礙最為常見）

支持和教導

老師或家長可為資優生提供以下基本的協助和支援：

1. 建立良好的親子／師生關係，是所有兒童成長的必然要素。家長的教養方式尤為重要，資優生更需要民主權威型（尊重且對孩子有規範要求）的家長，為他們適當地訂立規則和期望，成年人須建立雙向的溝通，聆聽孩子的心聲

2. 尊重孩子的需要，當出現問題時，引導他們找尋處理方法

3. 對孩子有合理、但可調節的期望

4. 協助孩子建立常規和自我調控能力

5. 提供多些參與課後活動和增加社會經驗的機會

天蕙，16歲，很有藝術天份但缺乏專注力。創作時，她經常有些非常獨特的想法，但往往無法呈現出來，又或開始創作後，往往感到作品不符自己原意而中止。挫敗的感覺令天蕙很難受，過高的期望也反令她不敢再嘗試，總是以「我不想做、做不了」作為推搪的藉口。

天蕙可嘗試以下方法，再鼓勵自己踏出一步，重新創作：

1. 訂立合理、可以達成和具體的目標。例如當想透過畫畫表達自己感受時，可先想想：這幅畫是怎樣的？要給誰看？用什麼材料繪畫？把這些意念記下來

2. 制定行動計劃，行動時盡力按計劃完成每一步驟，中間可以容許修訂，亦可邀請家人、朋友協助提醒

3. 欣賞並肯定自己能遵循和完成的每一個步驟，鼓勵享受創作過程和經驗，而非結果

4. 完成創作後反思，學習面對真實的自己

學校系統方面，資優兒童教育和特殊教育的情況相類，兩者都因為主流教育體系標準化的內容和評估準則無法照顧個人特質，令學童不能充分發揮能力而出現。支持資優生的策略，在主流教育體系下可分為充實制和加速制兩大類型，也可以透過調整課堂和課程滿足他們學習需要：

1. 充實制

在主流課程以外特別加設有意義的學習內容，鼓勵學生運用更深入的材料，研習感興趣的課題，又或延伸現有教學內容和策略，滿足資優生的學習需求。常用的充實制教學方法，是教導學生了解及運用諸如分析、整合與評鑑的策略，也可運用研究方法、高層次批判思考、後設認知（思考自己的學習過程）等進行整合式的課題研習。此外，亦會讓學生經歷一些主流課程以外的學習領域如戲劇、園藝、養殖等。

由於其運作較容易，涉及的學科和興趣沒有限制，對主流課程影響較少，故較為被學校廣泛採用。

2. 加速制

加速制基本上有三種：

a. 提早入學，不按規定或一般的年齡限制，入讀主流學校的較高級別，階段可以由幼稚園到大學。學校可按學生的真實能力將其編排入讀適合的班級，例如12、13歲可以入讀大學。

b. 用較少時間完成主流教育下的分齡課程，其形式有跳級（grade skipping），或以兩年時間完成三年課程。實際上可以是整體的加速制，亦有一些是以個別學科形式實行加速，或進行進階學習。

c. 濃縮課程（curriculum compacting），如將規定一年課程縮為半年，以騰出時間學習課程的其他內容，又或以專題報告來代替課程。

由於資優生的其中一個特點是學習速度比一般人快，故加速制在資優生培育方案中有其重要性。加速制以學科分組進行，在校內較為可行，學校可按學生能力或需求分組（不是分精英班），在某一標準下，例如智能和成就水平相同能力的學生組成一個學習團體，進行某一學科、領域的學習。這種以能力分組的學習模式，可用於所有類型的教育制度，包括一般大、中、小學以至特殊班及各類型的資優方案。在正常上課時間，將學生分成不同能力組別上課，或將資優生抽離（pull out）上課，就是這種形式。

但要進行分組上課，教學者必須能有效規劃課程內容，才能使資優生在課堂充分獲益。此外，亦要考慮分組後學生在學習、心理及社交上的情況，以免出現標籤效應，造成過大壓力。也有些資優生未能適應高能力班級的學習速度，因此學校宜設彈性分組，讓學生能按個別情況學習。學校亦可安排混合能力的異質組（組內成員的能力不同）學習，使資優生可以：

1. 發展社會能力，學習與不同人相處
2. 與全班一起學習一些同齡學生需要學習的生活知識
3. 建立社群意識

宏祺和熙然在同一間小學就讀，兩人是同班同學，自小成績都很好。宏祺的父母對他的要求很高，希望他將來能考上名牌大學。因此，宏祺非常用功，順利入讀著名中學，班內同學都是精英，競爭激烈。為了好成績，宏祺拼盡全力，不參加任何學校活動，每天都是溫習、溫習，亮麗的成績表、父母的滿足笑容是他最好的獎勵。而熙然成績雖好，但明白自己情緒很緊張，對自己要求過高，容易發脾氣，與父母商量後，決定入讀一間校風好、活動多、師生關係緊密的學校。熙然輕易便名列前茅，在老師鼓勵下，參加了很多校內外活動，見識了許多新事物。

學術能力以外，學校課程也須照顧資優生的情意發展，讓他們學會：

1.　認識自己和別人的異同

2.　不過分追求完美

3.　面對挫折

4.　與人相處，尤其是認為能力比不上自己的對象

5.　建立社會責任和道德感

案例

A學校是一所公營小學，學生來自區內屋邨。學校採不分能力編班制，每班同學能力相若，不設精英班。為發展學生的資優潛能，學校成立「才能庫」計劃，學生可自薦或經老師推薦等方法進入「才能庫」。老師積極搜集各類資優課程和比賽，推薦和鼓勵學生參加。參賽的目的不只是獲獎，而是認識自己的能力，同時學習與他人合作，增廣見聞！老師會不時和學生談話，協助他們反思，累積經驗，接受下一次挑戰。

由於是不分能力編班，為滿足班內能力較強的學生需要，老師在編寫教學計劃和評估方法時，會設計「挑戰題」鼓勵能力較高的學生嘗試，形式很多元化，有專題探討、跳級題、創意活動等，老師會適時展示同學的挑戰成果，目的是鼓勵同學互相欣賞和學習。

相關資源

評估機構

香港教育局採取多元評估方法辨識資優生，家長可到教育局資優教育組的網頁了解學校如何甄選資優生（https://www.edb.gov.hk/tc/curriculum-development/curriculum-area/gifted/guidelines-on-school-based-gifted-development-programmes/identification-and-selection-procedures.html）。

家長如欲知道孩子的智商，或孩子是否雙重資優生，可聯絡學校的教育心理學家、也可考慮社福機構、或私人執業教育/臨業心理學家的付費評估，部份機構也提供課程和支援服務，可參考附錄B部及C部的相關資料。

訓練和治療

香港資優教育學苑和中文大學教育學院資優計劃課程很適合資優生，惟須由學校推薦。現時很多學校都有推行校本資優計劃，家長可跟就讀的學校了解相關課程。

學習資源和教材

教育局印製了多本資優教育冊子，對象雖是學校老師，但內容亦適合家長參考。例如：

1. 《在課堂內外支援資優/高能力學生情意及學習需要的策略（小學）——第一冊：雙重特殊資優學生（資優兼有特殊教育需要的學生）》

2. 《在課堂內外支援資優/高能力學生情意及學習需要的策略（中學）——第一冊：雙重特殊資優學生（資優兼有特殊教育需要的學生）》

3. 《在課堂內外支援資優/高能力學生情意及學習需要的策略（小學）——第二冊：潛能未展資優學生》

4. 《在課堂內外支援資優/高能力學生情意及學習需要的策略（中學）——第二冊：潛能未展資優學生》

5. 《在課堂內外支援資優/高能力學生情意及學習需要的策略（小學）——第三冊：資優學生的情緒和精神健康》

6. 《在課堂內外支援資優/高能力學生情意及學習需要的策略（中學）——第三冊：資優學生的情緒和精神健康》

以上資源都可在教育局網頁查閱（https://www.edb.gov.hk/tc/curriculum-development/curriculum-area/gifted/index.html）。

參考網站

香港中文大學教育學院資優計劃。2024年。https://www.fed.cuhk.edu.hk/pgt/Home/index_c.php。

香港教育局資優教育組。〈資優教育：最新推介〉。香港教育局，2022年9月1日。https://www.edb.gov.hk/tc/curriculum-development/curriculum-area/gifted/index.html。

香港資優教育學苑。年分不詳。https://www.hkage.edu.hk/#gsc.tab=0。

National Association for Gifted Children. n.d. https://nagc.org.

Renzulli Center for Creativity, Gifted Education, and Talent Development. University of Connecticut, n.d. https://gifted.uconn.edu.

09

多重發展障礙

收到家長交來文峰的評估報告，校長和老師們都嚇了一跳。報告上對應所有症狀的欄目都打了勾：AD/HD、自閉症、發展遲緩、言語障礙⋯⋯什麼障礙都集齊，但除了這些名詞外，報告沒有說明文峰有何具體問題和需要。

文峰今年6歲了，父母認為他的學習情況欠佳，怕他跟不上小學課程要求，決定讓他重讀一年幼稚園，並由另一幼稚園轉校過來重讀K3。文峰入學後，經常大吵大鬧。他不太會說話，也不明白老師的指令。稍不開心，便躺在地上大哭不肯起來，有時會持續近30分鐘。他身形高大，身手敏捷，不開心時會打同學，老師也攔不住他。校長力勸文峰父母帶他做評估，結果得到這份報告，學生有着所有特殊需要，除了轉介他到社會福利署輪候特殊幼兒中心學位外，學校應如何教導他呢？

　　DSM-5-TR等主要診斷標準指引，都將智能障礙、自閉症譜系障礙、AD/HD、學習障礙、言語障礙、運動協調障礙等歸入神經發育障礙（Neurodevelopmental Disorders），因為這些症狀都由大腦神經發育缺陷所致。大腦神經是個非常複雜的系統，按其功能可分為若干區域，但各個區域之間互有關係，互相影響，一部分神經系統障礙會同時導致幾個功能失調，如社交、情緒、學習失調。科學家將神經障礙劃分為不同類型，如自閉症、AD/HD，目的是為了方便專業人員進行診斷。實際上，幾類障礙同時出現在同一個體的情況很常見，有些兒童會因某些症狀較明顯而被歸類為患了某一症狀，有些則因各類症狀皆有而被判為多重障礙（Multiple Disabilities）。例如，部分患有自閉症譜系障礙的人會同時患有智力發展障礙（儘管智能並非診斷自閉症的標準）、許多患有AD/HD的兒童會有特殊學習障礙，或者自閉症也常和AD/HD一併被診斷出來。神經發育障礙也經常與其他在兒童時期發病的精神和行為障礙同時出現，例如，言語障礙和自閉症譜系障礙可能與焦慮症有關；AD/HD與對立性反抗障礙、強迫性抽動會同時出現同一兒童身上，而此類兒童也較容易患各類情緒疾病。患有神經發育障礙兒童在做臨床診斷時，若其表現或行為與同齡兒童相比有明顯差異，他們在多個預期的發展里程如認知、社交、行為、學習等項目，都較常被檢測到缺陷和延遲。

　　除了所有這些障礙都會有高併發率外，另一情況是同一個體都有各類障礙的某些症狀，但這些症狀在分別診斷時未必完全符合該類別的準則，難以歸類，但合併所有症狀起來，對個

體的生活卻造成極大困擾。一些邊緣個案（boundary case），便指個案情況難以歸類為某一類別，臨床評估報告有時也會將其分類為多重障礙。

還有另一情況，除了神經發展障礙，有些兒童亦有可能同時有感官和肢體障礙的問題。情況嚴重者，會因各方面功能受損被列入重度發展障礙。重度發展障礙經常與多重障礙常混在一起，若就障礙情況與程度而言，多重障礙不一定是重度障礙，但重度及極重度障礙者大多都有多重障礙，惟無論何者，均需要適切到位的支持系統以協助其就學、生活和整體成長。

另一方面，智能並非某些障礙的斷症標準，故此有些有發展障礙如自閉症譜系障礙、AD/HD、學習障礙、言語障礙、協調障礙的兒童有可能智能優異，或在某些方面如運動、藝術、表演、科技、創意等有出色表現。在臨床判斷和支援相關個案時，須細心觀察其強、弱項，搜集資料，以制訂適合不同需要的兒童的成長方案。

較常同時出現的障礙

據教育及前線工作者經驗，以下幾類障礙較常出現在同一兒童身上：

1. 兼有 AD/HD 和自閉症譜系障礙患者，有些是自閉的症狀較明顯，有些則是過度活躍情況較嚴重，部分個案更兼有動作協調和學習障礙，但智力優異。

2. 言語障礙是多類特殊障礙類型都會出現的困難，智能障礙、自閉症、學習障礙等患者都會同時有不同程度的言語溝通困難。

3. 發展障礙兒童較容易有情緒問題，這可能是其大腦神經發展缺損與焦慮症、行為障礙等相關連，亦可能是這類兒童在教育和社會制度上較易受到排斥，因而出現較極端行為和情緒問題。事實上，在現今社會和教育制度下，特殊障礙學生會遭受較多挫敗，使得他們自尊低落，而出現各類情緒困難。綜合先天的精神障礙與後天的社會環境因素，使得障礙兒童的問題複雜，臨床治療時須兩者同時檢視。

由於多重發展障礙的多樣化和差異大，障礙程度類別不一、複雜性高，評估會按各類障礙的準則來判斷，以使患者獲得適當的教育資源。但單一的治療方案難以協助複雜的多重發展障礙，因此特別需要結合不同治療策略，按患者的特殊情況和需要，設計適當的教育計劃，提供完整的綜合性治療和支援。成年人可從以下幾方面了解、分析和評估兒童在各方面的需要：

1. 認知

認知不等同智能，認知能力涉及學習、記憶、生活適應及解難等不同層面，智障人士一般有認知困難，但其他類型的患者也可能有學習上的認知缺陷。

2. 行為

行為問題較易出現在自閉症和 AD/HD 兒童身上，也是這兩類症狀的主要特徵，但其他障礙如學習障礙、言語障礙等，會因障礙造成的生活挫折而出現各類問題，嚴重的甚至會有反社會或自傷行為。要協助這些患者改善，先認識和理解行為的原因非常重要。

3. 情緒

情緒困擾是很多障礙者面對的問題，這可能來自其障礙，例如視障、聽障、肢體障礙、機能失調患者無法如常人生活而出現情緒問題如焦慮、抑鬱，也可能是因患有障礙，未達到社會期望，產生挫敗感而導致。釐清情緒不安的因由，再運用適當的紓緩和應對方法，能將因情緒困擾所引致的傷害減低。

4. 社交

與人相處並建立正向人際關係，是人類生活的重要部分。自閉症患者的缺陷在於難以與人進行一般的社交互動，而情緒行為障礙、AD/HD 兒童亦較難與人建立良好人際關係，生活缺少人際互動和支持力量，令障礙更難受。

5. 健康

行為和情緒的問題會干擾患者，引發一些身體上的不適，如導致飲食失調，影響健康。

神經發展系統的各個功能環環相扣，互相影響。協助發展障礙兒童，須了解患者當前的情況和需要，訂立適當、可行的目標，設計合適的計劃，逐步實踐，經常檢視成效，可減低障礙帶來的困擾。另一方面，發展障礙兒童並非「一無是處」，成年人應盡力協助兒童發展潛能，在學習和生活上找到成功感，能助兒童帶來較正面的人生觀。

本章開首的案例文峰，評估表上的症狀分類都是醫學名詞，是診斷評估，有助專業人員之間「溝通」，明白兒童的「困難」所在，更重要是這份評估結果可以獲得政府的教育資源。但對學校和家長來說，文峰要的是「教育需要評估」。換句話說，診斷評估只是「辨識」問題的第一步，文峰需要前線專業人員如心理學家、治療師、老師和家長在真實環境中（如學校）持續進行學習評估，了解文峰的需要，以訂立真正適合他的介入方案。

案例

文峰在輪候政府服務時，學校雖沒有額外資源，但也為他提供訓練和教導。經多次觀察後，老師們確定了應首要處理文峰的「發脾氣」問題，而導致文峰發脾氣的主要原因是他不明白指令，無法如其他小朋友般，按指示進行日常活動。

為協助文峰進行活動，老師製作了一套每日活動圖卡，內容包括：(1)到校後把書包放在書包櫃、(2)上主題課、(3)玩遊戲、(4)吃飯、(5)午睡、(6)下課。每完成一個活動，就把相關圖卡放在「我做得到」的袋子裏，並獲得一張小貼紙。此外，針對文峰語言能力弱的問題，老師會以圖卡及動作與他溝通，然後慢慢鼓勵他用單字、短句回應。

有時文峰會因小事發脾氣，老師要他到課室一角的地墊坐下來，閉上眼睛，待他平靜後再邀請他參與課堂活動。經過一段時間，文峰的行為有所改善，雖然學習仍然未達同齡水平，但最少能與其他小朋友一起上課，人也開心得多。

相關資源

評估機構

要評估孩子是否有多重發展障礙，可經轉介到香港衞生署兒童體能智力測驗中心檢測。評測結果主要用作申請政府資源。

治療和訓練

確診後，在校專業人員會就孩子的情況進行實地觀察評估，以深入了解孩子需要，設計適當的治療介入和訓練，如語言、學習、社交、溝通。老師亦可在學生輪候服務期間，調整學校環境和教學策略，讓孩子能與其他同學一起成長。如孩子在某方面有特長甚或資優，家長和老師可提供機會，讓孩子發展潛能。

　　針對特定的障礙資源介紹，可參考本書各章節的最後部分。

參考網站

Center for Parent Information and Resources. "Multiple Disabilities." 2024. https://www.parentcenterhub.org/multiple/.

10

兩岸四地特殊教育政策簡介

　　內地、香港、澳門、台灣兩岸四地因社會背景、教育制度的不同，在支持 SEN 孩子的政策上也各有特色。本篇將扼要地介紹四地特殊教育的法規、類別和措施。

內地

1. 發展與法規

　　1951年，國家政務院發布了《關於改革學制的決定》，針對生理上有缺陷的兒童，提出「各級人民政府並應設立聾啞、盲目等特種學校，對生理上有缺陷的兒童、青年和成人，施以教育」。其後，特殊教育推廣至智能障礙兒童，開始試辦培智

學校。與此同時，特殊教育亦逐漸打破隔離的實踐模式，開始推行了具中國特色的融合教育方式 ——「隨班就讀」(Learning in regular classroom, LRC)，讓部分有肢體障礙、輕度弱智、弱視和聽障等學生可就讀普通班。

1987年的《關於印發〈全日制弱智學校（班）教學計劃〉（徵求意見稿）的通知》指出：「在普及初等教育的過程中，大多數輕度弱智兒童已經進入當地普通小學隨班就讀。這種形式有利於弱智兒童與正常兒童的交往，是在那些尚未建立弱智學校（班）的地區特別是農村地區解決輕度弱智兒童入學問題的可行辦法」。這份檔案將「隨班就讀」定為教育系統推行融合教育的策略。1988年的第一次全國特殊教育工作會議亦將「隨班就讀」作為特殊教育的一項基本策略。

法制方面，1991年頒布的《中華人民共和國殘疾人保障法》是國內特殊教育法制建設的基礎。該法案提出了發展特殊教育須「實行普及與提高相結合，以普及為重點的發展方針」，明確提出「殘疾人享有平等接受教育的權利」。1994年，國務院正式頒布《中華人民共和國殘疾人教育條例》，這是國內首份有關殘疾人教育的專項行政法規，至此，特殊教育工作得到了法制保障。

2010年頒行《國家中長期教育改革和發展規劃綱要（2010–2020年）》明確規定「完善特殊教育體系〔並在〕2020年，基本實現市（地）和30萬人口以上、殘疾兒童少年較多的縣（市）都有一所特殊教育學校。各級各類學校要積極創造條件接收殘疾人入學，不斷擴大隨班就讀和普通學校特教班規模」。

2017年《第二期特殊教育提升計劃（2017–2020年）》規定「堅持統籌推進，普特結合。以普通學校隨班就讀為主體、以特殊教育學校為骨幹、以送教上門和遠端教育為補充，全面推進融合教育。普通學校和特殊教育學校責任共擔、資源分享、相互支撐」。

2.　特殊教育類別

按1990年制定及2008年修訂的《中華人民共和國殘疾人保障法》定義，殘疾人是指在「心理、生理、人體結構上，某種組織、功能喪失或者不正常，全部或者部分喪失以正常方式從事某種活動能力的人」。

2006年出版的《殘疾人實用評定標準》，則列出六類殘疾標準，包括視力殘疾、聽力殘疾、言語殘疾、肢體殘疾、智力殘疾、精神殘疾的人，每類殘疾中都有更明確的標準分類。

3.　評估

國內的兒童健康檢查會同時進行兒童殘疾篩查服務，重點對視力、聽力、肢體、智力以及孤獨症（即自閉症）五類殘疾兒童進行篩查和預防。

各區縣教育部門會負責建立「殘疾人教育專家委員會」，由來自教育、心理、康復、社會工作等界別的專家組成，制定殘疾兒童入學評估機制及完善教育安置的方法。

4. 教育服務

　　隨班就讀經過多年努力，在大部分主要城市的地區隨班就讀的學校數量有明顯增長。越來越多的普通學校招收了殘疾學生，除了小學，不少幼兒園和高中都接收殘障兒童就讀。隨班就讀主要以資源教室建設為着手點，資源教師和隨班就讀教師培訓是主要師訓模式。2020年，教育部的《關於加強殘疾兒童少年義務教育階段隨班就讀工作的指導意見》要求縣級根據殘疾兒童入學分布情況，在區域內選擇若干普通學校設立特殊教育資源教室，並在接收五名以上殘疾學生隨班就讀的學校設立專門的資源教室，根據學生殘疾類別配備必要的教學材料。

　　特殊兒童家長可以向孩子所在學校申請隨班就讀，由學校向有關部門辦理。一些地區如廣州制訂了支持隨班就讀學生的政策，包括：考試分數的特別安排、教育局特別經費撥款給學校，讓學校為隨班就讀學生建立成長檔案、提供培訓等。

　　此外，部分地區還採取了「送教上門」的教學方式，由專職教師負責這項工作。教師根據孩子的需要制訂教育計劃，定期上門教導學生家庭，一是對殘疾學生進行教學，二是輔導家長如何在家教育孩子。

香港

1. 發展與法規

香港的特殊教育初期由慈善機構提供。1960年，特殊兒童始被納入為教育體系的服務對象。1999年，教育署（即今之教育局）推行「全校參與的融合先導計劃」。至2003年，教育局推行新的資助模式，學校每收一名SEN學生，可獲額外資助。學校按「全校參與」和「三層支援模式」推行融合教育，以能更有效地照顧學習差異和SEN學生。全校參與指學校在政策、文化與措施三方面配合，校內所有成員共同參與，建立共融校園。三層架構指以第一層全班式優化教學、第二層加強學生的支援，以及第三層個別需要加強支援方式，推行融合教育。教育局由2017/18學年起在每一所公營中、小學增設特殊教育需要統籌主任。其職責是制訂支援計劃，適當地支援SEN的學生。此外，教育局課程發展處及香港資優教育學苑也為資優生策劃及推行「三層架構推行模式」。

法規方面，香港在1996年實施《殘疾歧視條例》，平等機會委員會因應教育界的特別情況，在2001年推出《殘疾歧視條例教育實務守則》，幫助教育界前線工作者及公眾了解《殘疾歧視條例》的精神和有關人士的權利及責任。

2. 特殊教育類別

根據教育局的定義，SEN學生是指有學習或適應困難，需要接受特殊教育支援的學生，其主要類別包括：

a. 特殊學習困難

b. 智能障礙（智障）

c. 自閉症

d. 專注力不足／過度活躍症

e. 肢體傷殘

f. 視覺障礙（視障）

g. 聽力障礙（聽障）

h. 言語障礙（語障）

i. 精神病

j. 雙重特殊資優（不屬於獨立的SEN分類）

3. 評估

衛生署的兒童評估中心可為12歲以下有發展障礙或行為問題的兒童進行評估。兒童可經專業人士（如醫生、心理學家）或醫院直接轉介（如早產兒）到該中心評估。

2004年起，教育局在全港小學推出「及早識別和輔導有學習困難的小一學生」計劃，協助學校初步識別有需要學生。每年小一學生入學後，教師可透過課堂觀察、檢視課業和個別面

談等方法，初步了解學生的學習表現、社交和自理能力，並在該年12月至1月期間，填寫「小一學生之學習情況量表」以識別有學習困難的學生。如發現學生有特殊需要，學校可將學生轉介教育心理學家作進一步評估，並向教育局呈報。教育局會因應學生的情況，發放資源給學校，讓學校可以在第二年提供不同的服務來協助學生。

針對學前兒童的識別，教育局在2009年推行「兒童身心全面發展服務」，以協助幼兒教育工作者認識特殊兒童的特徵和需要。當教師發現兒童在某個（或多個）發展範疇出現明顯的問題時，可與家長商討並了解情況，再將兒童轉介接受母嬰健康院內專業人士評估和跟進。若有需要，再到兒童評估中心評估。

4. 教育服務

a. 小學和中學

現時，對於學齡兒童，教育局採用「雙軌制」模式推行特殊教育 —— 安排較嚴重或多重殘疾的學生入讀特殊學校，以便接受支援服務；至於其他SEN學生，則會入讀普通學校。家長可透過派位機制，為自己的子女選擇合適的學校。

普通學校則會按「三層支援模式」的理念「先支援、後評估」，因應學生的實際需要提供支援。基本上，第一層支援是及早識別，老師透過優化課堂教學，及早照顧所有學生的不同學習需要，在教學上協助有短暫學習或適應困難的學生；第二

層支援是安排額外支援或輔導予有持續學習或適應困難的學生，形式包括小組學習、課後輔導和抽離式輔導；第三層支援是為有持續及嚴重學習或適應困難的學生提供加強支援，包括制訂個別學習計劃以及個別化輔導和教學。經識別評估的學童，政府會按其需要程度，向就讀學校發放津貼，為學童提供適切的支援和教導。

b. **學前**

學前階段的特殊教育服務主要由社會福利署負責。經評估後，初生至2歲的殘疾幼兒可在早期教育及訓練中心接受訓練，中心特別著重家庭成員在訓練的角色。2歲至6歲未開始接受小學教育並經評定有一項或多項輕度殘疾的幼兒，可選擇入讀參與「幼稚園暨幼兒中心兼收計劃」的幼兒園，由專責老師照顧；而屬中度或重度的殘疾幼兒，則入讀由社署資助的特殊幼兒中心。

自2016年，政府推行「到校學前康復服務」，其後服務與2023年落實的「第一層支援服務」融合，透過非政府機構的跨專業服務團隊（包括職業治療師、物理治療師、言語治療師、臨床/教育心理學家、社工，以及特殊幼兒工作員）到訪參與了到校學前康復服務的幼稚園，為6歲以下被評估為輕度殘疾的幼兒提供到校訓練及支援服務。

澳門

1. 發展和法規

　　和其他地區情況相似，澳門為有殘疾或障礙人士的服務，最初都是由私立慈善團體和和宗教組織承擔。自1980年代中期，澳門社區為SEN學生開辦特殊班、特殊學校和特殊訓練中心，以回應社會需求。至1990年，澳門政府正式以法律規範特殊教育的實施和推行。由1991至2020年期間，澳門政府共推出四條法規，反映着澳門特殊教育的發展，亦為特殊教育訂出明確的實施綱領：

a. 1991年第11/91/M號法律《澳門教育制度》

b. 1996年第33/96/M號法令《批准特殊教育制度》

c. 2006年第9/2006號法律《非高等教育制度綱要法》

d. 2020年第29/2020號行政法規《特殊教育制度》

　　法規重點在(1)明確說明特殊教育、資優生的定義、評估、教學安置和培訓等；(2)將身心障礙學生的安置分為三類：融合生、特殊教育小班學生和特殊教育班學生。融合生就讀在普通班，特殊教育小班和特殊教育班學生則可入讀普通學校或特殊學校；(3)個別化教育計劃更為制度化。

2. 特殊教育類別

「有特殊教育需要的學生」是指具資優特質或身心障礙特質，且需要接受特殊教育的學生：

a. 「身心障礙學生」指暫時或長期在視覺、聽覺、語言、肢體、智能、學習能力、情緒行為或其他方面出現一項或多項心理或生理障礙特質的學生

b. 「資優學生」指具智力優異，或具其他卓越潛能或傑出表現特質的學生

3. 評估

教育及青年發展局（下稱教青局）轄下的教育心理輔導及特殊教育中心為懷疑有 SEN 的學生提供專門評估服務。

兒童綜合評估中心會為 6 歲或以下疑似有發展障礙者，統一安排評估和協調兒童早期療育所需的各種服務。

4. 教育服務

資優生會入讀正規學校，學校會通過個別化教學計劃，安排課程調適、增潤、加速課程等，培訓資優學生。

身心障礙學生的支援，包括：

a. 融合生：被評估為智力在一般範圍水平，具身心障礙特質，經適當輔助可於普通班就讀的學生

b. 特殊教育小班學生：被評估為輕度智能不足，在學校、家庭及社會方面的適應功能無明顯困難的學生，或存在長期且持續性的嚴重情緒行為障礙的學生

c. 特殊教育班學生：被評估為智能不足，且在學校、家庭及社會方面適應功能有明顯困難的學生

普通學校和特殊教育學校都可在各教育階段開設特殊教育小班和特殊教育班。特殊教育班共分幼兒、小學、初中、高中四個階段，就讀年齡由3至18歲。

教青局會為接受融合生的私立學校（註：澳門共有76所學校，其中公立學校8所，私立學校68所）提供資助，學校可以運用這筆資助，以八名融合生對一名資源教師的比例，聘請合適的教學人員協助。教青局建議幼兒及小學教育階段以全職方式聘任，而中學教育階段可由不同專業科目的教師兼任。

在推行融合教育的普通學校，教師可因應班裏融合生的情況和需要，與資源教師合作教學，在課堂進行調適教學，或以抽離或補救教學形式教導學生。

台灣

1. 發展和法規

台灣特殊教育早期以慈善形式幫助殘疾人士，推動方式採「特殊班及特殊學校」為主。1960年開始倡導SEN學生回到

主流社會的正常學校生活，並自1990年起，台灣通過各項教育改革和特殊教育立法，SEN兒童能與一般學生互動，一起學習。

台灣教育部在1984年發表「特殊教育法」，並於1997、2009、2023年進行修訂。立法的目的是使身心障礙及稟賦優異的學生，均有接受適當教育的權利，能充分發展身心潛能，培養健全人格，增進服務社會的能力。

法例列明教育部、直轄市政府、縣（市）政府在特殊教育的職責和工作。法例對家長的權利亦有保障，例如指明在制訂個別化教育計劃時，學校應邀請家長參與，必要時家長可以額外邀請相關專業人員陪同參與。此外，對特殊兒童的就學安置也有說明。

法案精神強調融合教育不只是將身障學生「安置在普通班」，而是提供「多元安置選擇」，採用普通和特教結合的體系，重視教育和學校「支援系統」的建立，讓所有的特殊需求學生都能獲益。

2. 特殊需要類別

特殊教育法將身心障礙和資賦優異納入特殊教育類別：

身心障礙包括：智能障礙、視覺障礙、聽覺障礙、語言障礙、肢體障礙、腦性麻痺、身體病弱、情緒行為障礙、學習障礙、自閉症、多重障礙、發展遲緩及其他障礙。

　　資賦優異指有卓越潛能或傑出表現，經專業評估及鑑定具學習特殊需求，需要特殊教育及相關服務措施協助之情形，包括：一般智慧資賦優異、學術性向資賦優異、藝術才能資賦優異、創造能力資賦優異、領導能力資賦優異及其他特殊才能資賦優異。

3. 評估

　　身心障礙學生鑑定，須按學生個別狀況，以多元評量如標準化評量、直接觀察、面談、醫學檢查等方式，綜合判斷其需要。資賦優異學生的鑑定也須以標準化評量工具，採多元及多階段評量。

　　評估由地方各級主管機關的 SEN 學生鑑定及就學輔導會（簡稱鑑輔會）辦理，形式是於每學年度上、下學期至少召開一次會議，必要時得召開臨時會議。其施行辦法是經由轉介、申請或推薦，蒐集學生資料，實施初步類別判斷、教育需求評估及綜合評估後，得出教育安置建議及所需相關服務建議。

4. 教育服務

　　特殊教育之相關服務，有以下模式：

a. 特殊教育學校：供各類肢體、智能、視障、聽障學生就讀

b. 普通學校：高級中等以下學校及幼兒園設三種不同形
式的特殊教育班

(1) 分散式資源班：於學校普通班就讀之 SEN 學生，
大部分時間會在普通班級上課，部分時間則到特
殊教育班（分散式資源班）接受個別化的課程教學
及特殊教育相關服務，目的是協助學生返回就讀
普通班

(2) 集中式特殊教育班資源班：以訓練生活自理和獨
立為主，小學階段每班以不超過10人為原則，中
學階段則每班以不超過12人為原則

(3) 巡迴輔導班：巡迴輔導教師會為學生在家庭、機
構或學校提供部分時間的特殊教育及相關服務

為了支援普通學校辦理特殊教育班，各縣市政府成立特殊
教育資源中心，分別支援所轄區域內的學校特殊教育工作。

參考資料

內地

中央人民政府政務院國務院。《政務院關於改革學制的決定》。1951年。

中華人民共和國中央人民政府。《殘疾人實用評定標準》。2006年。

中華人民共和國中央人民政府。《國家中長期教育改革和發展規劃綱要
（2010–2020年）》。2010年。

兩岸四地特殊教育政策簡介

中華人民共和國教育部。《第二期特殊教育提升計劃（2017–2020 年）》。
　　2017 年。
中華人民共和國教育部。《關於加強殘疾兒童少年義務教育階段隨班就
　　讀工作的指導意見》。2020 年。
中華人民共和國國家教育委員會。《全日制弱智學校（班）教學計劃》（徵
　　求意見稿）。1987 年。
中華人民共和國國務院。《中華人民共和國殘疾人教育條例》。1994 年。
全國人民代表大會常務委員會。《中華人民共和國殘疾人保障法》。
　　1991、2008 年。

香港

平等機會委員會。《殘疾歧視條例教育實務守則》。2001 年。
社會福利署。〈學前兒童康復服務〉。香港特別行政區政府社會福利
　　署，2024 年 1 月 17 日。https://www.swd.gov.hk/tc/pubsvc/rehab/
　　cat_serpresch/。
教育局。《全校參與模式融合教育運作指南》。香港特別行政區政府教
　　育局，2020 年 11 月。https://sense.edb.gov.hk/uploads/page/
　　integrated_education/landing/ie_guide_ch.pdf。
教育局。〈兒童身心全面發展服務（0–5 歲）〉。香港特別行政區政府教育
　　局，2021 年 4 月 14 日。https://www.edb.gov.hk/tc/edu-system/
　　preprimary-kindergarten/comprehensive-child-development-
　　service/index.html。

澳門

兒童綜合評估中心。〈服務簡介〉。澳門社會工作局、衛生局、教育及
　　青年發展局，年分不詳。https://portal.dsedj.gov.mo/webdsej
　　space/site/cacp/index.jsp?con=service。

教育心理輔導及特殊教育中心。〈服務簡介〉。澳門教育及青年發展
　　局，2022年1月11日。https://www.dsedj.gov.mo/capee/cappee
　　08/se/se1.html。

台灣

教育部。《特殊教育中程計畫》。2008年。https://ws.moe.edu.tw/001/
　　Upload/10/relfile/8780/80074/c2e0b6b0-1abd-47c1-b51e-
　　4e05f274b5dd.pdf。

教育部。《特殊教育發展報告書》。台灣教育研究資訊網，2008年。
　　https://teric.naer.edu.tw/wSite/PDFReader?xmlId=&fileName=1
　　609811523960&format=pdf。

教育部。《特殊教育法》。全國法規資料庫，2023年。https://law.moj.
　　gov.tw/LawClass/LawAll.aspx?pcode=H0080027。

台灣教育研究資訊網。〈服務簡介〉。澳門社會工作局、衛生局、教育
　　及青年發展局，年分不詳。https://portal.dsedj.gov.mo/webdsej
　　space/site/cacp/index.jsp?con=service。

Ministry of Education. Republic of China (Taiwan), 2019. https://
　　english.moe.gov.tw/mp-1.html.

給家長和
教育人士的話 11

01 家長如何辨識
孩子的特殊需要?

　　一些機能性的障礙如視覺障礙、聽覺障礙、肢體障礙和嚴
重智能障礙,一般會在兒童早期醫療篩檢中發現,中、港、
澳、台的衛生部門都有提供這些服務。而一些發展障礙如自閉
症、言語障礙、AD/HD、學習障礙等症狀,則會在孩子長大
或入學後因受到環境的挑戰才「顯現」出來。

　　家長可以到本地官方機構的網站(如香港衛生署)或外國
網站(如美國疾病管制與預防中心)了解兒童成長的里程發展。
若有疑問,須主動向學校或醫療單位尋求協助。

02 為何孩子需要 「及早識別，儘早介入」？

儘早知道孩子的困難和介入，可及早提供適當支援，大大提高孩子的發展能力。大量研究和實踐證明，兒童由出生至9歲大，是大腦成長的重要階段，可塑性很高，後天的教育、環境和訓練可以改變大腦的神經功能，減低先天障礙的嚴重性。

案例

> 3歲半的亦倫讀K1，在學校的表現令人頭痛：他非常好動，經常跑跑跳跳、騷擾課堂秩序、不按老師指示完成作業，正當家長猶疑是否須帶他進行評估時，學校請來了專家為亦倫進行以圖片提示為主的介入治療，加上老師的積極訓練，兩個月後，亦倫多動情況大為改善，完全可如一般孩子般上課學習，亦不用評估跟進。

另一原因是當兒童逐漸成長、接觸社會後，環境的要求日趨複雜，會出現因障礙（即第一層問題）而產生的第二層問題。例如孩子因特殊學習障礙致成績欠佳，造成自尊感低落；或因患自閉症不懂社交而感到孤獨，自我封閉不外出；又或因言語障礙被人嘲笑，於是在原本的第一層障礙上多加了一層社交和心理上的困擾，稱為第二層困難。儘早介入，對協助特殊孩子減低出現第二層困難的風險是非常重要的。

案
例

芷鈴小時候很安靜，由幼稚園到小六，都是乖乖上學，然後在課室發呆，在老師催促下才勉強做作業，一直維持到放學。她成績欠佳，父母認為是因為她不喜歡學習。上中學後，芷鈴變得很不開心，經常欠交功課，討厭上學，做事拖延，父母帶她見醫生，才知芷鈴患有專注力不足症。雖經治療，但芷鈴仍然非常沮喪，認為自己一無是處，父母老師雖不斷鼓勵，她只是說：「做來幹嗎？反正都是失敗！」

03 大腦神經發展障礙是遺傳的嗎？有沒有藥物治療？可以治癒嗎？

　　根據現時的研究所知，大腦神經發展障礙暫時沒有任何藥物可以完全治癒，藥物只可以減輕症狀的問題，如AD/HD可以用藥物暫時改善，情緒問題也有精神科藥物，但其他障礙，例如智能障礙、言語障礙甚至自閉症等，都沒有藥物可以對症下藥，但訓練、環境、教育絕對可以減輕這些症狀的問題。如果孩子能夠及早識別和介入治療，效果會很明顯，部分個案甚至可以完全擺脫這些障礙帶來的困擾。

案
例

俊和傑是兩兄弟，自小便被診斷有自閉症，屬嚴重類別，入讀特殊學校，家長經歷了非常艱難的日子。大哥俊喜歡電腦，可以連續十數天呆在房中看屏幕、打鍵盤，長大後成績不佳，但電腦知識為他帶來編寫手機應用程式的工作。弟弟傑的脾氣很暴躁，離開學校後工作不太穩定。他們有一位表弟朗，也有自閉症，而且有輕度智能障礙，但性情溫和，見人總是笑。經學校訓練後，他現在食物工場做些食物處理工作，生活獨立、滿足。

04 家長知道孩子有困難，應如何處理？如何選擇適合的治療方案或治療師？

首先，家長須積極面對，並和學校老師商討有關的治療方案，詳細了解內容，如教學策略、介入時段、訓練詳情等，以便在家積極跟進配合，適時了解孩子的進展。

若家長另找治療師，例如言語治療師和職業治療師，須先了解該治療師是否有接受相關訓練，很多專業協會或衛生局有合格治療師的名單，可查核治療師有否專業資格。

社交網絡或群組內其他家長的口碑也很重要，但要注意孩子的特質和治療師的配合度。有些孩子較喜歡溫和的導師，有些孩子則需要比較嚴格的教導方式，家長須多了解。以下幾點是選擇治療師時須注意的事項：

a. 治療師應容許家長在訓練室觀課，家長除了解治療師的治療策略外，也須知道治療師如何與孩子互動

b. 治療師須提供學習紀錄，以反映孩子的進度及作出調整

c. 治療師可安排家居訓練，即家居作業，以教導家長如何在家跟進行訓練。家居訓練對兒童的學習很重要，例如孩子接受言語治療師45分鐘發音訓練後，家長每天若能用10至15分鐘訓練，效果會事半功倍

05 孩子有特殊教育需要，已接受各種訓練，但效果不顯著，應如何是好？

　　SEN孩子的成長不是一條直線，很多時候是兜兜轉轉，行三步，停一步，甚至退一步。家長的態度非常重要，當孩子的進步不如預期，家長須檢討治療方案，積極改善，千萬不要因灰心而停止訓練。

　　孩子的成長和改變是非常漫長的過程，不止是一年或兩年，有時我們需要五年或十年後才見到效果。家長無盡的信任，是孩子最重要的支持。懷着信念，相信孩子的能力，與他們同行，終能找到出路！

案例

> 峻山在6歲時確診特殊學習障礙，小學讀的是名校，家長
> 為他報讀許多課程和訓練，但毫無進展，成績列全級倒數
> 第二，挫折連連致信心低下，被學校勸退後入讀普通中
> 學。幸好他遇到很多好老師，給他很多機會參與各類活
> 動，在學習上由小學程度重新開始，循序漸進打好基礎，
> 加上家長不斷鼓勵，漸入佳境，中學文憑試取得好成績，
> 入讀大學，現已畢業，努力開啟生命另一章。

06 有些人會問：老師為什麼要在課堂上照顧特殊需要的孩子呢？學校把他們送到抽離班、課後班或由其他專業人士處理不是足夠了嗎？

　　學生能夠在抽離班、課後小組或其他個別輔導得到幫助，這當然很重要，但老師若能將這些訓練和幫助用在課室，並不斷實踐，會成效倍增。教導所有學生、幫助不同學習需要的學生，是優質教育的一部分，也是21世紀老師必須有的能力。

　　特殊教育的許多策略，經改善調適後可應用在普通課堂，所有學生也能得益。很多著名的教學法，都是由教導SEN孩子開展出來，好像蒙特梭利教學法（Montessori Education）是一百多年前由Maria Montessori博士創立的教學法，重視孩子個別化，以孩子為中心並鼓勵運用他們的多元感官，最開始時

在特殊學校實踐，後因成效顯著而被廣泛應用於幼兒教育。高廣度教學法（HighScope Approach）則重視每個孩子的強項，相信每個孩子，無論其情況如何，都應該可以自我實現。在1960年代初，此教學法也是用來幫助學習困難的學生，多年追蹤研究證明，高廣度教學法裨益所有學生。

> **案例**
>
> 岑老師是一位名校的英文科老師。他教學生做閱讀理解和作文時，要有步驟分拆文章的段落組織，並須按系統寫作。這方法最初是用於班上一位自閉學生，岑老師察覺到自閉學生喜歡依從規則、系統，於是做了寫作框架，要該學生按「本子」作文，文章雖然仍出現很多枝節，但大抵都能按要求完成，取得一定分數。他現將這方法用來教導其他學生，結果很令岑老師鼓舞，他們的公開試成績都有進步。

07 老師在協助不一樣的孩子的時候，什麼是最重要的？

一是掌握最新的資訊。近年很多研究和科學技術發展，對治療或支持 SEN 學生甚具參考價值。

二是真誠地支持學生。良好的師生關係、正向的朋輩氛圍、自律有規的課室環境是協助 SEN 孩子的重要基石。

三是信念。大量研究指出老師自我效能感是影響學生，包括 SEN 學生的最重要因素。什麼是自我效能感？簡單地說，就是教師對自己教學能力的信念，相信自己可以教好每一個孩子。

案例

金老師的班裏有一位自閉的資優生。這孩子非常聰明，很多知識幾乎可以無師自通。但他的性格很偏執，思想極端。金老師於是寫了十多句良好行為「金句」，要他貼在床上天花板，每天早上睜大眼睛，便要大聲讀出來，家長也很配合督促。回到學校，他就在金老師跟前大聲唸，足足唸了一年多，行為有明顯改善。金老師的說法是：「他很聰明，但我們不想教出一個壞的聰明人。」今天該孩子是著名大學的研究生，正面、上進。

案例

張老師是 M 埠一間著名男校初中班別的班主任。她的學生都是陽光男孩，成績很好，但每班總會有些學生學習能力較弱，無法跟得上課程進度，也有些出現行為情緒問題。張老師深信所有孩子都能學習，於是在班裏開展朋輩小組計劃，每組成員四至五人，組合是張老師在細心了解各人特性後所編配的。小組須合作完成老師指定的任務要求，並會得到獎勵，組員須互相合作，發揮個人潛能，彼此扶持。張老師不強調小組間競爭，而是鼓勵組內成員為共同目標一起努力。幾年來，孩子都在關愛、接納和尊重的氛圍裏成長，張老師認為這是教育的核心價值。

附錄 協助學習差異兒童資料一覽表（港澳地區）

1. 香港

A. 政府機構

機構	網址／聯絡方式	服務／內容簡介	本書索引
香港教育局特殊教育及融合教育資訊網站	https://sense.edb.gov.hk/tc/index.html	• 介紹政府對 SEN 學生的政策、學校支援架構 • 載有教師專業培訓資料	第 10 章
		載有各類 SEN 的： • 簡介 • 通告及指引 • 資源 • 支援措施 • 相關連結	第 1 章至第 7 章 第 9 章
香港教育局《全校參與模式融合教育運作指南》(2020 年 11 月更新版)	https://sense.edb.gov.hk/uploads/page/integrated-education/guidelines/ie_guide_ch.pdf	介紹： • 香港融合教育及其發展概況 • 「三層支援」模式 • 「全校參與」模式 • 及早識別和輔導服務 • 學生支援服務 • 家校合作模式	第 10 章

機構	網址／聯絡方式	服務／內容簡介	本書索引
香港教育城共融資料館	https://www.hkedcity.net/sen/	• 載有共融政策、指引 • 載有各類 SEN 資訊和教學策略	第 1 章至 10 章
香港衞生署兒童體能智力測驗服務	https://www.dhcas.gov.hk/tc/	載有各類發展障礙的徵狀、需要和服務資源 提供發展評估，申請和轉介步驟如下： • 由註冊西醫作初步評估，然後按需要轉介至評估中心作進一步評估 • 服務也接受母嬰健康院、註冊西醫、臨床或教育心理學家的轉介	第 1 章至第 7 章及第 9 章 第 10 章
社會福利署學前兒童康復服務	https://www.swd.gov.hk/tc/pubsvc/rehab/cat_serpresch/	提供 0 至 6 歲特殊幼兒的支援服務，載有各類服務的內容及相關幼兒機構、支援機構名單（注意：幼兒須經評估後再轉介至社署康復服務中央轉介系統，服務並非由家長自行申請）	第 10 章

B. 非政府機構

機構	網址／聯絡方式	服務／內容簡介	本書索引
協康會	https://www.heephong.org/supportive-learning-project/overview	• 服務分為政府資助及自付盈虧兩類 • 出版各類教學資源和教材套 **青蔥計劃** • 以自負盈虧、非牟利形式運作 • 提供自費的兒童能力評估，包括：智能、心理、讀寫能力、語言、肌能評估 • 提供幼兒小組及個別訓練服務 • 專業教育及發展學會提供家長、老師及業內人士培訓課程	第1章至第7章
香港耀能協會	https://cdc.sahk1963.org.hk/index.php	• 服務分為政府資助及自付盈虧兩類 • 出版各類教學資源和教材套如書、圖卡、影音資源等，可以訂購 **耀能兒童發展服務** • 自負盈虧的非牟利服務，提供評估、治療及訓練等 **康復專業學院** • 為教師、業界人士提供短期培訓課程	第1章至第7章
香港基督教服務處德心橋兒童發展計劃	https://www.senbridge.org/	• 提供兒童收費評估服務如心理、智能、語言、肌能、社交評估等 • 提供跟進訓練服務如語言、職業、物理治療 • 安排兒童讀寫、語言訓練小組 • 提供兒童語言教材套（須付費購買）	第3章、第5章至第7章

機構	網址／聯絡方式	服務／內容簡介	本書索引
鄰舍輔導會	https://www.naac.org.hk/prta	• 提供到校心理、語言、職業治療 • 轄下「PRTA自閉症專門店」提供評估、個人發展計劃及專業治療訓練服務 • 樂盈聚家長資源中心為發展障礙或弱能人士的家長提供多元化又全面性的社區支援	第2、4章
東華三院	http://www.tungwahcsd.org/tc/our-services/rehabilitation-services/community-support-services-for-persons-with-disabilities;category/57	• 主要為「到校學前康復服務」及輪候者提供服務 • 舉辦親職教育活動及育兒諮詢服務	第10章
保良局特殊兒童發展基金	https://www.poleungkuk.org.hk/child-care-services/other-services-and-programmes/special-child-development-fund	• 提供個別專業評估及治療包括：心理服務、言語治療、職業治療、物理治療及認知訓練 • 提供家庭支援服務	第1章至第7章
香港聖公會輔導服務處	https://cs.skhwc.org.hk/tc/hkcas-p	• 提供發展評估：包括智能、讀寫障礙、AD/HD、自閉症等（注意：自閉症／專注力評估不等於確診評估，但能顯示學童是否有自閉症／過度活躍特徵及嚴重程度、結果供精神科醫生診斷時參考） • 提供多類治療及訓練課程如認知行為、沙遊、表達藝術等課程	第1章至第7章

機構	網址／聯絡方式	服務／內容簡介	本書索引
香港聖公會福利協會「愛‧家庭」賽馬會成長中心	https://ltlec6.wixsite.com/skhwcwelove	• 提供各類評估，如語言、手肌等的評估 • 提供語言、職業及綜合個別及小組形式的訓練和指導，如語言、肌能、專注力、感覺統合訓練	第1、5、6章
明愛全人發展培訓中心	https://www.counselling.caritas.org.hk/	• 提供智力、讀寫、專注力、自閉評估、學前兒童全面發展報告(注意：自閉症／專注力評估不等於確診評估，但能顯示學童是否有自閉症／過度活躍特徵及嚴重程度，結果供精神科醫生診斷時參考) • 提供心理和學習輔導、遊戲治療、以及培訓課程等	第1章至第7章
扶康會自閉症及發展障礙人士服務	https://www.fuhong.org/PageInfo.aspx?md=20000&cid=226	• 服務不同年齡和需要的自閉症人士及發展障礙人士 • 提供評估及培訓服務 • 個別／小組治療／訓練	第2、4章
Watchdog 監護者早期教育中心	https://www.watchdog.org.hk/tc	• 提供以英語及廣東話教學的自費課程，如職業治療、言語治療、物理治療、音樂治療等 • 提供心理、語言等評估	第1章至第7章
循道衞理觀塘社會服務處樂學評估及訓練中心	http://www.rs.ktmss.org.hk/	• 為有特殊學習需要之兒童及家庭提供多元化訓練及評估 • 訓練有言語治療、職業治療、音樂治療、社交溝通訓練、專注力訓練、遊戲治療等	第1章至第7章

機構	網址／聯絡方式	服務／內容簡介	本書索引
香港資優教育學苑	https://www.hkage.edu.hk/#gsc.tab=0	• 非牟利機構，由香港特別行政區政府教育局資助，為 10 至 18 歲的本地資優學生提供校外資優教育課程 • 須由學校推薦以成為學員 • 諮詢及評估中心會為家長提供免費熱線服務 • 舉辦家長及教師講座	第 8 章
中文大學教育學院資優計劃	https://www.fed.cuhk.edu.hk/pgt/Home/index_c.php	• 定期舉辦春季、暑期及冬季資優課程，供小三至中六由學校推薦的資優學生參加 • 提供家長課程	第 8 章

C. 非政府機構和私人執業的專業人員名單

機構	網址／聯絡方式	服務／內容簡介	本書索引
香港心理學會臨床心理學部	https://hkps-dcp.org.hk/en/home-en/member-directory-en	• 提供臨床心理學家名單	第 3、4、7、8 章
香港心理學會教育心理學部	https://www.dep.hkps.org.hk/membership_criteria/directory/	• 提供教育心理學家名單	第 3、4、7、8 章
香港精神醫學院	https://www.hkcpsych.org.hk/index.php?lang=tw&Itemid=465	• 提供精神科醫生名單	第 1、2、4、7、9 章
香港言語治療師協會	https://speechtherapy.org.hk/zh/公眾資源/尋找言語治療師/	• 可搜尋執業言語治療師名單	第 5 章
香港言語治療師公會	https://hkist.org.hk/zh/	• 可搜尋執業言語治療師名單	第 5 章
職業治療師管理委員會	https://www.smp-council.org.hk/ot/tc/content.php?page=reg_reg	• 可查核執業言語治療師名單	第 6、9 章
物理治療師管理委員會	https://www.smp-council.org.hk/pt/tc/intro.php	• 可查核執業治療師名單	第 6、9 章

D. 家長及協會組織

以下是部分由家長及特殊需要人士組織的機構，亦舉辦活動予公眾，讀者參與前須多了解其工作。

機構	網址／聯絡方式	服務／內容簡介	本書索引
學前弱能兒童家長會	https://www.parentsassn.org.hk/our_work/	• 提供弱能兒童需要的技能培訓或體藝活動 • 提供家長訓練及興趣班	第 4、9 章
自閉症人士福利促進會	http://www.swaphk.org/	• 為自閉症患者提供訓練活動	第 2 章
香港唐氏綜合症協會	https://www.hk-dsa.org.hk/	• 為唐氏綜合症患者及家庭提供服務	第 4、9 章
香港特殊學習障礙協會	https://asld.org.hk/	• 為家長自助組織，籌辦各類文康活動	第 3 章
香港聾人福利促進會	https://www.deaf.org.hk/	• 為聽障人士提供各類服務和活動	第 6 章
香港失明人協進會	https://www.hkbu.org.hk/	• 為視障人士提供各類服務和活動	第 6 章
Dyslexia Association of Hong Kong	https://www.dyslexiahk.com/	• 為家長組織，籌辦各類活動	第 3 章

2. 澳門

A. 政府機構

機構	網址／聯絡方式	服務／內容簡介	本書索引
教育及青年發展局	https://portal.dsedj.gov.mo/webdsejspace/internet/Inter_main_page.jsp?id=94556&	• 澳門特殊教育的對象包括資優和身心障礙學生 • 網頁載有實施融合教育、設有特殊教育小班及特殊教育班學校名單	第 10 章
教育心理輔導及特殊教育中心	https://www.dsedj.gov.mo/capee/newsindex.html	• 為 SEN 學生提供合適的服務及教學安排，有特殊教育專業諮詢、評估（包括：教育安置評估、資優評估及治療評估）及學位安排	第 10 章
兒童綜合評估中心（由衛生局、教育及青年發展局及社會工作局共同設立）	https://portal.dsedj.gov.mo/webdsejspace/site/cacp/index.jsp	• 為 6 歲或以下在發展上有疑似障礙者提供一站式兒童發展綜合評估服務，達至及早發現、及早評估、及早診斷、及早治療的兒童早期療育目標	第 10 章
社會工作局澳門特區康復服務資訊網	https://www.rehab.ias.gov.mo/zh_tw/Q_A1.html	• 為 3 歲或以下兒童提供早療服務資訊	第 10 章
仁伯爵綜合醫院（俗稱山頂醫院）	https://www.ssm.gov.mo/portal/	• 隸屬衛生局，負責學生評估及診斷	第 10 章
衛生局醫務活動牌照處	https://ssm.gov.mo/portal/	• 載有合資格醫務人員如醫生、護士、物理治療師、職業治療師、言語治療師、心理治療師的名單，供公眾查閱	第 1 章至第 7 章

B. 非政府機構

機構	網址／聯絡方式	服務／內容簡介	本書索引
澳門特殊奧運會	https://www.specialolympicsmacau.org/?page_id=87	• 為SEN兒童提供課後支援計劃服務及幼兒機能訓練	第4、9章
澳門展智服務協會	http://maids.org.mo/	• 為智障人士及其家庭提供服務和教育 • 舉辦各類文康活動	第4、9章
澳門聾人協會	https://mda.org.mo/	• 為聾人及聽障人士服務 • 提供手語、早期療育及輔具服務	第6章
其他協會名單	https://www.dsedj.gov.mo/capee/cappee08/se/specedu_parents_handbook_202112.pdf	• 參閱《有特殊教育需要學生家長手冊》 • 由澳門教育局印行，詳列澳門特殊教育服務和資源，第28至31頁載有政府及社福機構資料	第1至7章